Racconti in Slovacco

Racconti in Slovacco per principianti e intermedi

Nina Nagy

greenthumbpublishing@gmail.com

Contenuti

Introduzione

La lettura di una lingua straniera è uno dei modi più efficaci per migliorare le competenze linguistiche e ampliare il vocabolario. Tuttavia, a volte può essere difficile trovare materiali di lettura coinvolgenti e di livello adeguato, che diano una sensazione di realizzazione e di progresso. La maggior parte dei libri e degli articoli scritti per i madrelingua può essere troppo lunga e difficile da capire, oppure può avere un vocabolario di livello molto alto, per cui ci si sente sopraffatti e si rinuncia. Se questi problemi vi suonano familiari, allora questo libro fa per voi!

Racconti Brevi in Slovacco è una raccolta di 25 racconti non convenzionali e divertenti pensati per aiutare gli studenti di livello da principiante a intermedio di Slovacco a migliorare le loro competenze linguistiche.

Questi racconti creano un ambiente di lettura di supporto, includendo;

- Ricchi contenuti linguistici in diversi generi per intrattenere l'utente ed esporlo a una varietà di forme di parole.
- Storie brevi in capitoli per darvi la soddisfazione di finire le storie e progredire rapidamente.
- Testi scritti al vostro livello in modo da essere più facilmente comprensibili e non opprimenti.
- Traduzione italiana a pagine alterne per potervi fare riferimento direttamente riga per riga durante la lettura della storia Slovacco.
- I vocaboli chiave sono stampati in grassetto lungo tutta la storia e la traduzione per aiutare a capire meglio le parole non familiari.

- Domande di comprensione per testare la comprensione degli eventi chiave e per incoraggiare la lettura più approfondita.

Se volete ampliare il vostro vocabolario, migliorare la vostra comprensione o semplicemente leggere per divertimento, questo libro è il più grande passo avanti che farete nei vostri studi quest'anno. I Racconti Brevi in Slovacco vi daranno tutto il supporto di cui avete bisogno, quindi sedetevi, rilassatevi e lasciate correre la vostra immaginazione mentre venite trasportati in un magico mondo di avventura, mistero e intrighi - in Slovacco!

Come utilizzare questo libro

La lettura è un talento difficile da padroneggiare. Nella nostra lingua madre usiamo una serie di micro-abilità per aiutarci a leggere. Ad esempio, possiamo sfogliare un brano per avere una comprensione approssimativa del contenuto. Oppure potremmo sfogliare numerose pagine di un orario ferroviario alla ricerca di un orario o di un luogo specifico. Mentre queste micro-abilità sono una seconda natura quando leggiamo nella nostra lingua madre, la ricerca rivela che spesso dimentichiamo la maggior parte di esse quando leggiamo in una lingua straniera. Quando si impara una lingua straniera, di solito si parte dall'inizio di un testo e lo si sfoglia, cercando di capire ogni singola parola. Inevitabilmente, ci imbattiamo in termini sconosciuti o complessi e ci infastidisce l'incapacità di comprenderli.

Uno dei maggiori vantaggi della lettura di una lingua straniera è quello di essere esposti a un gran numero di frasi ed espressioni che vengono utilizzate nelle situazioni quotidiane. La lettura intensiva è un termine usato per descrivere la lettura per piacere al fine di imparare una lingua. Non è come la lettura di un libro di testo, quando le conversazioni o i testi sono concepiti per essere letti lentamente e con attenzione con l'obiettivo di comprendere ogni parola. La "lettura intensiva" si riferisce alla lettura effettuata per raggiungere obiettivi di apprendimento specifici o per completare compiti. In altre parole, la lettura approfondita dei libri di testo di solito favorisce l'apprendimento di regole grammaticali e di un vocabolario particolare, mentre la lettura intensiva di storie favorisce l'apprendimento del linguaggio naturale.

I Racconti Brevi in Slovacco vi offriranno l'opportunità di conoscere meglio la lingua naturale Slovacco in uso, anche se forse avete iniziato il vostro percorso di apprendimento delle lingue esclusivamente con i libri di testo. Ecco alcuni suggerimenti da tenere a mente mentre leggete le storie di questo libro per trarne il massimo beneficio: Quando si tratta di leggere, il divertimento e il senso di realizzazione sono fondamentali. Si continua a tornare perché ci si diverte a leggere. Leggere ogni storia dall'inizio alla fine è il metodo migliore per godersi le storie e sentirsi realizzati. Di conseguenza, la cosa più importante è arrivare alla fine di una storia. È più importante che conoscere ogni singola parola.

Più si legge, più si acquisisce conoscenza. Se si leggono libri più grandi per piacere, si acquisisce rapidamente una conoscenza di come funziona la Slovacco. Tuttavia, tenete presente che per ottenere tutti i benefici della lettura estensiva, dovete prima leggere un volume sufficientemente consistente. Leggere qualche pagina qua e là può insegnare qualche parola nuova, ma non farà una differenza significativa nel livello generale di Slovacco.

Accettate il fatto che non riuscirete a comprendere tutto ciò che leggete in un romanzo. Questo è, senza dubbio, il punto più cruciale! Ricordate sempre che non capire tutte le parole o le frasi è assolutamente accettabile. Non significa che le vostre competenze linguistiche siano inadeguate o che il vostro rendimento sia scarso. Indica che state partecipando attivamente al processo di apprendimento.

Guida alla lettura

Per trarre il massimo beneficio dalla lettura di Racconti Brevi in Slovacco, è meglio seguire questo semplice processo di lettura in sei fasi per ogni capitolo dei racconti:

1. Leggete il titolo del capitolo. Pensate al tema della storia. Poi leggete la storia fino in fondo. Il vostro obiettivo è semplicemente quello di arrivare alla fine della storia. Pertanto, non fermatevi a cercare le parole e non preoccupatevi se ci sono cose che non capite. Cercate semplicemente di seguire la trama.

2. Quando arrivate alla fine della storia, scrutate la traduzione italiana per vedere se avete capito cosa è successo e per cogliere il contesto che vi è sfuggito.

3. Tornate indietro e rileggete la stessa storia. Se volete, potete concentrarvi di più sui dettagli della storia rispetto a prima, ma altrimenti leggete semplicemente un'altra volta.

4. Successivamente, leggete le domande di comprensione in Slovacco per verificare la vostra comprensione degli eventi chiave della storia. Se non capite completamente le domande, non preoccupatevi. Utilizzate le vostre conoscenze per rispondere al meglio.

5. A questo punto dovreste aver compreso gli eventi principali del capitolo. In caso contrario, potreste rileggere il capitolo alcune volte utilizzando la traduzione per controllare le parole e le frasi sconosciute fino a quando non vi sentirete sicuri.

Una volta che siete pronti e sicuri di aver capito cosa è successo - che sia dopo una o più letture della storia - passate alla storia successiva e continuate a godervi la storia al vostro ritmo, proprio come fareste con qualsiasi altro libro.

Solo una volta completata una storia nella sua interezza, si può pensare di tornare indietro e studiare il linguaggio della storia in modo più approfondito, se lo si desidera. Oppure, invece di preoccuparvi di capire tutto, prendetevi del tempo per concentrarvi su ciò che avete capito e congratularvi con voi stessi per quanto avete fatto.

Racconti in Slovacco

Nina Nagy

Bratislava

Bratislava je nádherné mesto. Nachádza sa v **srdci** Európy a má bohatú históriu. Ľudia, ktorí tu žijú, sú priateľskí a pohostinní. V tomto meste je veľa vecí, ktoré sa dajú vidieť a robiť. Môžete navštíviť **hrad, prejsť sa** loďou alebo preskúmať staré mesto. V Bratislave si každý nájde niečo pre seba. Do Bratislavy som prišiel v slnečný májový deň. Bol som nadšený, že môžem preskúmať toto nové mesto a spoznať jeho **kultúru** a históriu. Svoju cestu som začal návštevou hradu, z ktorého je výhľad na Dunaj.

Výhľad odtiaľto bol neuveriteľný! Potom som sa prechádzal po starom meste, obdivoval architektúru a cestou sa zastavoval v kaviarňach. Večer som sa previezla loďou po Dunaji - bolo to také **pokojné** pozorovať všetky tie svetlá, ktoré sa mihotali na vode, keď sme okolo nich plávali. Nakoniec som si pred návratom do hotela na noc vychutnal tradičné slovenské jedlo v reštaurácii neďaleko hotela. Bolo to vynikajúce! Na druhý deň som sa zobudil skoro a **prechádzal som sa** po meste. Navštívil som niekoľko múzeí a dozvedel sa o **histórii** Bratislavy.

Popoludní som sa vydal na pešiu prehliadku mesta. **Sprievodca** nám ukázal všetky dôležité pamiatky a rozprával nám o nich príbehy. Dokonca sme sa dostali

Bratislava

La città di Bratislava è un luogo bellissimo. Si trova nel **cuore** dell'Europa e ha una ricca storia. La gente che vive qui è amichevole e accogliente. Ci sono molte cose da vedere e da fare in questa città. Si può visitare il **castello**, fare un giro in barca o esplorare il centro storico. A Bratislava c'è qualcosa per tutti. Sono arrivata a Bratislava in una giornata di sole a maggio. Ero entusiasta di esplorare questa nuova città e di conoscere la sua **cultura** e la sua storia. Ho iniziato il mio viaggio visitando il castello, che si affaccia sul **fiume** Danubio.

La vista da lassù era incredibile! Poi ho passeggiato per la città vecchia, ammirando l'architettura e fermandomi nei caffè lungo la strada. La sera ho fatto un giro in barca lungo il fiume Danubio: è stato così **tranquillo** osservare tutte le luci che scintillavano sull'acqua mentre le costeggiavamo. Infine, prima di tornare in albergo per la notte, ho gustato del cibo tradizionale slovacco in un ristorante vicino al mio hotel. Era delizioso! Il giorno dopo mi sono svegliata presto e ho **passeggiato** per la città. Ho visitato alcuni musei e ho appreso la **storia** di Bratislava.

Nel pomeriggio ho fatto un tour a piedi della città. La **guida** ci ha mostrato tutti i monumenti più importanti e

aj do jedného z kostolov! Po prehliadke som si dal niečo na **jedenie a** potom som nakupoval na jednom z trhov v meste. Kúpil som si nejaké suveníry pre svoju rodinu doma. Posledný deň v Bratislave som sa rozhodla **odpočívať** v hoteli a vychutnávať si výhľad na mesto z mojej izby. Večer som si vyšiel na večeru s novými priateľmi, ktorých som si našiel počas môjho pobytu tu . Pri **večeri** a drinkoch sme sa výborne porozprávali a smiali sme sa až do neskorej noci. Bolo smutné rozlúčiť sa, ale viem, že sa čoskoro vrátim.

ci ha raccontato le loro storie. Abbiamo anche potuto entrare in una delle chiese! Dopo la visita, ho **mangiato** un boccone e poi ho fatto un po' di shopping in uno dei mercati della città. Ho comprato alcuni souvenir per la mia famiglia a casa. L'ultimo giorno a Bratislava ho deciso di **rilassarmi** in albergo e di godermi la vista della città dalla mia stanza. La sera sono uscita a cena con i nuovi amici che avevo conosciuto durante il mio soggiorno qui. Ci siamo divertiti molto a chiacchierare a **cena** e a bere qualcosa, ridendo fino a tarda notte. È stato triste dire addio, ma so che tornerò presto.

Otázky na porozumenie

1. V ktorom meste sa nachádza Bratislava?

2. Čo môžete robiť v Bratislave?

3. Čo robil autor v prvý deň v Bratislave?

4. Čo robil autor druhý deň v Bratislave?

5. Čo robil autor posledný deň v Bratislave?

6. Čo sa autorovi najviac páčilo na ich výlete?

7. Čo si autor kúpil na trhu?

8. S kým večeral autor posledný večer?

9. Aké bolo počasie, keď autor prišiel do Bratislavy?

10. Aké jedlo jedol autor počas pobytu v Bratislave?

Domande di comprensione

1. In quale regione si trova la città di Bratislava?

2. Cosa si può fare a Bratislava?

3. Che cosa ha fatto l'autore il primo giorno a Bratislava?

4. Che cosa ha fatto l'autore il secondo giorno a Bratislava?

5. Che cosa ha fatto l'autore nel suo ultimo giorno a Bratislava?

6. Qual è stata la parte del viaggio che l'autore ha preferito?

7. Cosa ha comprato l'autore al mercato?

8. Con chi ha cenato l'autore l'ultima sera?

9. Che tempo faceva quando l'autore è arrivato a Bratislava?

10. Che tipo di cibo ha mangiato l'autore mentre si trovava a Bratislava?

Hrad Devín

Keď som prvýkrát uvidela Devina Castlea, bola to **láska na** prvý pohľad. V tom, ako slnko dopadalo na kamenné múry, bolo niečo, čo spôsobovalo, že vyzerali, akoby žiarili. Vtedy som vedel, že ho musím vidieť zblízka. A tak som sa o niekoľko týždňov neskôr vybrala na jednodňový výlet z Prahy, aby som navštívila hrad Devín. Hneď ako som prešiel **bránou,** mal som pocit, že som sa preniesol v čase. Hrad je tak dobre zachovaný a je okolo neho toľko histórie. Niet divu, prečo ľudia hovoria, že toto miesto je magické. Strávil som hodiny skúmaním každého centimetra hradného areálu a dozvedel som sa všetko o jeho **fascinujúcej** minulosti. A hoci bol preplnený turistami, keď som stál pred hradom Devín, na chvíľu som mal pocit, že som jediný človek na svete.

Druhýkrát som Devina Castlea videl v hmlistom novembrovom ráne. **Hrad** vyzeral úplne inak ako v lete, ale bol rovnako krásny. Na tom, ako hmla obklopovala hrad, bolo niečo, čo ho ešte viac pripomínalo ako z **rozprávky**. Chvíľu som sa prechádzala po areáli, vnímala všetko a nechala som sa unášať svojou predstavivosťou. Mala som pocit, že takmer vidím **duchov** stredovekých rytierov, ako sa preháňajú na svojich koňoch cez hmlu. A na chvíľu som prisahala, že

Castello di Devín

La prima volta che ho visto il Castello di Devin è stato **amore** a prima vista. C'era qualcosa nel modo in cui il sole colpiva le pareti di pietra che le faceva sembrare incandescenti. Sapevo che dovevo vederlo da vicino. Così, qualche settimana dopo, ho fatto una gita di un giorno da Praga per visitare il Castello di Devin. Non appena ho varcato i **cancelli**, mi è sembrato di essere stata trasportata indietro nel tempo. Il castello è così ben conservato e la storia che lo circonda è davvero tanta. Non c'è da stupirsi che la gente dica che questo posto è magico. Ho trascorso ore a esplorare ogni centimetro del parco del castello e a scoprire tutto sul suo **affascinante** passato. E anche se era affollato di turisti, per un momento, standо davanti al Castello di Devin, mi sono sentita come se fossi l'unica persona al mondo.

La seconda volta che ho visto il Castello di Devin è stato in una mattina nebbiosa di novembre. Il **castello** aveva un aspetto completamente diverso da quello estivo, ma era altrettanto bello. Il modo in cui la nebbia circondava il castello lo faceva sembrare ancora più simile a una **favola**. Camminai per un po' intorno al parco, cogliendo ogni cosa e lasciando che la mia immaginazione si scatenasse. Mi sembrava quasi

som počula, ako z jednej z **veží** niekto hrá na lutnu.

Tretíkrát som Devina Castlea videl minulý týždeň počas snehovej búrky. Celé miesto vyzeralo ako zo zimnej krajiny zázrakov. Hoci technicky nebol otvorený pre návštevníkov, neodolal som a preliezol plot, aby som sa dostal bližšie. Hneď ako som vstúpil na pozemok, cítil som sa ako v **úplne** inom svete. Ťažko sa to vysvetľuje, ale na tomto mieste je jednoducho niečo, čo vám dáva pocit, že všetko je možné. Neviem kedy ani ako, ale hrad Devin sa nejako stal mojou súčasťou. Akoby tam bol odjakživa a čakal, kým ho nájdem. A teraz, keď sa mi to podarilo, **si** bez neho neviem **predstaviť** svoj život. Zakaždým, keď vidím hrad, mám pocit, že sa vraciam domov. Hoci som ho prvýkrát navštívila len pred niekoľkými mesiacmi, hrad Devín sa už stal jedným z mojich **najcennejších** miest na svete.

di vedere i **fantasmi** dei cavalieri medievali che cavalcavano nella nebbia. E per un attimo giurai di aver sentito qualcuno suonare un liuto da una delle **torri**.

La terza volta che ho visto il Devin Castle è stato la settimana scorsa durante una tempesta di neve. L'intero luogo sembrava uscito da un paese delle meraviglie invernale. Anche se tecnicamente non era aperto ai visitatori, non ho resistito a scavalcare la recinzione per avvicinarmi. Non appena ho messo piede nella proprietà, mi è sembrato di essere in **un** altro mondo. È difficile da spiegare, ma c'è qualcosa in questo posto che ti fa sentire come se tutto fosse possibile. Non so quando o come, ma in qualche modo Devin Castle è diventato parte di me. È come se fosse sempre stato lì, in attesa che lo trovassi. E ora che l'ho trovato, non riesco a **immaginare la** mia vita senza di esso. Ogni volta che vedo il castello, mi sembra di tornare a casa. Anche se l'ho visitato per la prima volta solo pochi mesi fa, il Castello di Devin è già diventato uno dei miei luoghi più **cari** al mondo.

Otázky na porozumenie

1. Aký je autorov prvý dojem z Devina Castlea?

2. Čo hovorí autor o vzhľade hradu v rôznych ročných obdobiach?

3. Čo cíti autorka, keď navštívi hrad Devin?

4. Aké je autorovo obľúbené ročné obdobie na návštevu hradu Devín?

5. Čo hovorí autor o histórii hradu?

6. Čo hovorí autor o areáli hradu?

7. Čo hovorí autor o hradných vežiach?

8. Čo hovorí autor o návštevníkoch hradu?

9. Čo si autor myslí o Devinovi Castleovi?

10. Čo hovorí autorka o svojich návštevách na hrade Devin?

Domande di comprensione

1. Qual è la prima impressione dell'autore su Devin Castle?

2. Che cosa dice l'autore sull'aspetto del castello nelle diverse stagioni?

3. Che cosa prova l'autrice quando visita il castello di Devin?

4. Qual è il periodo dell'anno preferito dall'autore per visitare il castello di Devin?

5. Cosa dice l'autore sulla storia del castello?

6. Che cosa dice l'autore del parco del castello?

7. Cosa dice l'autore delle torri del castello?

8. Che cosa dice l'autore dei visitatori del castello?

9. Cosa pensa l'autore di Devin Castle?

10. Cosa racconta l'autrice delle sue visite al castello di Devin?

Schnitzel

Schnitzel bol veselý malý kírač, ktorý nemal nič radšej ako hranie sa so svojimi hračkami a naháňanie **veveričiek** v parku. Jedného dňa, keď bol Schnitzel na prechádzke so svojím majiteľom, zbadal na zemi ležať chutne vyzerajúcu klobásu. Bez ďalšieho premýšľania Schnitzel zhltol **klobásu na** jedno sústo. Netušil, že to bude začiatok veľmi rušného dňa. Po zjedení klobásy sa šnicel začal cítiť zvláštne. Začalo mu škvŕkať v žalúdku a pocítil nekontrolovateľnú potrebu behať dookola. Šprintoval kolá okolo bloku, až napokon od **vyčerpania** skolaboval. Keď sa mu jeho majiteľ pokúsil dať trochu vody, Schnitzel odmietol a opäť utiekol do **parku.**

Nevedel to vysvetliť, ale niečo v ňom **sa** muselo **hýbať**. Ako Schnitzel pokračoval v behu, začal sa cítiť ešte zvláštnejšie. Videl rozmazane a všade okolo seba počul zvláštne **hlasy.** Zdalo sa mu, že vidí obrovskú vevericu, ktorá ho prenasleduje, a tak bežal ešte rýchlejšie. Zrazu všetko sčernelo a Schnitzel stratil vedomie. Keď sa Schnitzel prebral, zistil, že sa nachádza v **žiarivo** bielej miestnosti. Bol obklopený ľuďmi v laboratórnych plášťoch, ktorí doňho pichali a pichali ho zvláštnymi **nástrojmi**. Ako ho skúmali, mrmlali slová ako "toxický" a "otrávený". Schnitzel nevedel, čo sa deje, ale vedel,

Cotoletta

Schnitzel era un piccolo schnauzer felice che non amava altro che giocare con i suoi giocattoli e rincorrere **gli scoiattoli** nel parco. Un giorno, mentre Schnitzel era a passeggio con il suo padrone, notò una salsiccia dall'aspetto delizioso che giaceva a terra. Senza pensarci troppo, Schnitzel divorò la **salsiccia** in un sol boccone. Non sapeva che questo sarebbe stato l'inizio di una giornata molto movimentata. Dopo aver mangiato la salsiccia, Schnitzel cominciò a sentirsi strano. Lo stomaco cominciò a brontolare e sentì un'incontrollabile voglia di correre. Fece il giro dell'isolato fino a quando non crollò per la **stanchezza**. Quando il suo padrone cercò di dargli dell'acqua, Schnitzel rifiutò e corse di nuovo nel **parco**.

Non riusciva a spiegarlo, ma qualcosa dentro di lui doveva continuare a **muoversi**. Mentre Schnitzel continuava a correre, iniziò a sentirsi ancora più strano. La sua vista si annebbiava e sentiva strane **voci** intorno a sé. Gli sembrò di vedere uno scoiattolo gigante che lo inseguiva, così corse ancora più veloce. All'improvviso, tutto divenne nero e Schnitzel svenne. Quando Schnitzel si svegliò, si trovò in una stanza bianca **e luminosa**. Era circondato da persone in camice che lo punzecchiavano con strani **strumenti**. Mentre lo

že niečo nie je v poriadku.

Vzápätí Schnitzelovi **pichli injekciu s nejakým** protijedom a odviezli ho do sanitky. Odviezli ho do zvieracej **nemocnice,** kde sa niekoľko nasledujúcich dní zotavoval zo svojho utrpenia. Našťastie, vďaka rýchlemu mysleniu lekárov a sestier **sa** Schnitzel úplne **zotavil - hoci** jeho majiteľ nikdy nezabudne, ako blízko bol k strate svojho **milovaného** domáceho maznáčika. V súčasnosti si Schnitzel dáva oveľa väčší pozor na to, čo zje, keď je na prechádzke. Vie, že sú veci, ktoré sú príliš dobré na to, aby im odolal, ale niekedy je lepšie byť v bezpečí, ako ľutovať!

esaminavano, mormoravano parole come “tossico” e “avvelenato”. Schnitzel non sapeva cosa stesse succedendo, ma sapeva che qualcosa non andava.

Subito dopo Schnitzel si è visto **iniettare una sorta di** antidoto ed è stato portato di corsa in un’ambulanza. È stato trasportato all’**ospedale** per animali, dove ha trascorso i giorni successivi per riprendersi dal suo calvario. Fortunatamente, grazie alla prontezza di riflessi di medici e infermieri, Schnitzel si è **ripreso** completamente**, anche se** il suo proprietario non gli ha mai fatto dimenticare quanto sia stato vicino a perdere il suo **amato** animale. Oggi Schnitzel è molto più attento a ciò che mangia quando va a spasso. Sa che ci sono cose troppo buone per resistere, ma a volte è meglio essere sicuri che dispiaciuti!

Otázky na porozumenie

1. Čo jedol Schnitzel, že mal taký rušný deň?

2. Ako sa cítil Schnitzel po zjedení klobásy?

3. Prečo Schnitzel pokračoval v behu aj potom, čo sa cítil vyčerpaný?

4. Čo videl Schnitzel pred tým, ako odpadol?

5. Ako bol Schnitzel zachránený?

6. Čo sa Schnitzel naučil zo svojej skúsenosti?

7. Čo znamená slovo "toxický"?

8. Čo znamená slovo "protilátka"?

9. Čo je to kníráč?

10. Čo je veverička?

Domande di comprensione

1. Cosa ha mangiato Schnitzel che gli ha fatto passare una giornata così movimentata?

2. Come si è sentito Schnitzel dopo aver mangiato la salsiccia?

3. Perché Schnitzel ha continuato a correre anche dopo essersi sentito esausto?

4. Cosa ha visto Schnitzel prima di svenire?

5. Come è stato salvato Schnitzel?

6. Che cosa ha imparato Schnitzel dalla sua esperienza?

7. Che cosa significa la parola "tossico"?

8. Che cosa significa la parola "antidoto"?

9. Che cos'è uno schnauzer?

10. Che cos'è uno scoiattolo?

Jaskyne Slovenského krasu

Jaskyne Slovenského krasu sú sieťou viac ako 12 000 jaskýň, ktoré sa nachádzajú na území Slovenskej republiky. Patria k **najväčším** a najzložitejším jaskynným systémom v Európe a už po stáročia sú vyhľadávaným cieľom turistov. Jedného letného dňa skupina turistov skúmala jednu z jaskýň, keď narazila na zvláštneho tvora, ktorý číhal v tieni. Tvor bol malý a chlpatý s veľkými očami a zdalo sa, že ich pozorne sleduje. Turisti sa **ho** zľakli, ale rýchlo si uvedomili, že nepredstavuje žiadnu hrozbu. Začali si ho fotografovať a čoskoro sa o záhadnom jaskynnom tvorovi začalo hovoriť. Tvor sa rýchlo stal senzáciou na sociálnych sieťach a ľudia sa o ňom chceli dozvedieť viac. Do jaskyne bol **vyslaný** tím vedcov, aby tvora preskúmal a pokúsil sa zistiť, čo je zač.

Po týždňoch výskumu sa vedcom stále nedarilo **identifikovať** tvora. Zistili však, že je nočný a vychádza len v noci. To ešte viac sťažilo jeho štúdium. Keďže záujem o tvora stále rástol, skupina dobrodruhov sa rozhodla, že sa do jaskyne vydá sama a **pokúsi sa** ho chytiť. Boli vyzbrojení uspávacími šípkami a sieťovými zbraňami, ale čoskoro zistili, že chytiť tvora nebude

Grotte carsiche slovacche

Le grotte carsiche slovacche sono una rete di oltre 12.000 grotte situate nella Repubblica Slovacca. Sono tra i sistemi di grotte **più grandi** e complessi d'Europa e da secoli sono una popolare destinazione turistica. Un giorno d'estate, un gruppo di turisti stava esplorando una delle grotte quando si imbatté in una strana creatura che si aggirava nell'ombra. La creatura era piccola e pelosa, con grandi occhi, e sembrava osservarli con attenzione. I turisti sono stati spaventati dalla **creatura, ma si** sono subito resi conto che non rappresentava una minaccia. Hanno iniziato a fotografarla e ben presto si è sparsa la voce sulla misteriosa creatura della grotta. La creatura ha fatto rapidamente scalpore sui social media e la gente era ansiosa di saperne di più. Un'équipe di scienziati è stata **inviata** nella grotta per studiare la creatura e cercare di capire cosa fosse.

Dopo settimane di ricerche, gli scienziati non erano ancora riusciti a **identificare** la creatura. Tuttavia, hanno scoperto che era notturna e che usciva solo di notte. Ciò rendeva ancora più difficile il suo studio. Poiché l'interesse per la creatura continuava a

ľahké. Bol neuveriteľne **rýchly** a pohyblivý, takže sa k nemu nemohli priblížiť natoľko, aby ho mohli zastreliť. Po niekoľkých neúspešných pokusoch sa dobrodruhom nakoniec podarilo tvora chytiť. Vzali ho späť do svojho laboratória na ďalšie **štúdium**. Tam konečne zistili, čo to bolo za stvorenie: nový druh netopiera, ktorého nikdy predtým nevideli. Netopier dostal meno a čoskoro sa stal známym ako jaskynný netopier Slovenského krasu.

Objav jaskynného netopiera Slovenského krasu bol významným vedeckým **objavom**. Bol to prvý nový druh netopiera objavený po viac ako 100 rokoch. Jaskyňa, v ktorej bol nájdený, sa rýchlo stala **obľúbeným turistickým** cieľom a ľudia z celého sveta prichádzali, aby videli tohto nepolapiteľného tvora. Jaskynný netopier zo Slovenského krasu sa rýchlo stal svetovou senzáciou. Ľudí fascinoval jeho jedinečný **vzhľad** a skutočnosť, že ide o prvý nový druh netopiera objavený za posledných 100 rokov. Keďže záujem o tohto tvora neustále rástol, tím vedcov sa rozhodol preskúmať jeho biotop v snahe dozvedieť sa o ňom viac.

crescere, un gruppo di avventurieri decise di entrare personalmente nella grotta nel **tentativo di** catturarla. Erano armati di dardi tranquillanti e pistole a rete, ma scoprirono presto che catturare la creatura non sarebbe stato facile. Era incredibilmente **veloce** e agile, rendendo impossibile avvicinarsi abbastanza per spararle. Dopo diversi tentativi falliti, gli avventurieri riuscirono finalmente a catturare la creatura. La portarono nel loro laboratorio per ulteriori **studi**. Fu lì che scoprirono finalmente cosa fosse la creatura: una nuova specie di pipistrello mai vista prima. Al pipistrello fu dato un nome e divenne presto noto come pipistrello delle grotte carsiche slovacche.

La scoperta del pipistrello delle grotte carsiche slovacche ha rappresentato un'importante **svolta** scientifica. Si trattava della prima nuova specie di pipistrello scoperta in oltre 100 anni. La grotta in cui è stato trovato è diventata rapidamente una **popolare** destinazione turistica, e la gente è venuta da tutto il mondo per vedere l'elusiva creatura. Il pipistrello delle grotte carsiche slovacche è diventato rapidamente una sensazione globale. Le persone erano affascinate dal suo **aspetto** unico e dal fatto che fosse la prima nuova specie di pipistrello scoperta in oltre 100 anni. Poiché l'interesse per questa creatura continuava a crescere, un team di scienziati decise di studiare il suo habitat nel tentativo di saperne di più.

Otázky na porozumenie

1. Čo sú jaskyne Slovenského krasu?

2. Koľko jaskýň je v Slovenskom krase?

3. Čo našli turisti v jaskyni?

4. Čo vedci zistili o tomto tvorovi?

5. Ako bolo toto stvorenie nakoniec identifikované?

6. Ako ovplyvnil objav tohto tvora cestovný ruch v oblasti?

7. Ako ľudia reagovali na objavenie tohto tvora?

8. Čo viedlo tím vedcov k tomu, aby skúmali biotop tohto tvora?

9. Čo zistili vedci o jaskyni, v ktorej žil tento tvor?

10. Aký význam má objav jaskynného netopiera v Slovenskom krase?

Domande di comprensione

1. Cosa sono le grotte carsiche slovacche?

2. Quante sono le grotte del Carso slovacco?

3. Cosa hanno trovato i turisti nella grotta?

4. Cosa hanno scoperto gli scienziati sulla creatura?

5. Come è stata identificata la creatura?

6. Come ha influito la scoperta della creatura sul turismo della zona?

7. Come reagì la gente alla scoperta della creatura?

8. Qual era la motivazione che spingeva il team di scienziati a studiare l'habitat della creatura?

9. Che cosa hanno scoperto gli scienziati sulla grotta in cui viveva la creatura?

10. Qual è il significato della scoperta del pipistrello delle grotte carsiche slovacche?

Peter Sagan

Peter Sagan sa narodil, aby jazdil na **bicykli**. Pretekať začal ešte ako malý chlapec a rýchlo sa stal jedným z najúspešnejších cyklistov na svete. Jeho prirodzené schopnosti a tvrdá práca z neho urobili jedného z **najuznávanejších** jazdcov v histórii, ktorý má na konte viacero víťazstiev na majstrovstvách sveta a Tour de France. Peter to však nemal vždy ľahké. V roku 2016 sa stal účastníkom nehody, po ktorej utrpel **vážne** zranenia. Mnohí ľudia si mysleli, že jeho kariéra sa môže skončiť, ale Peter im dokázal, že sa mýlili, keď sa vrátil silnejší ako kedykoľvek predtým. V súčasnosti je Peter stále považovaný za jedného z najlepších cyklistov na svete. Naďalej vyhráva **preteky** a inšpiruje ostatných svojou vášňou pre cyklistiku. Bol to **krásny** deň na jazdu.

Slnko svietilo a fúkal vietor, ideálne podmienky na bicyklovanie. Peter Sagan sa vydal na bicykel a túžil najazdiť nejaké kilometre. Počas jazdy premýšľal o všetkých úspechoch, ktoré dosiahol vo svojej kariére. Vyhral **viacero** majstrovstiev sveta a etáp Tour de France, ale zažil aj ťažké chvíle. V roku 2016 sa stal účastníkom nehody, po ktorej utrpel **vážne** zranenia. Mnohí ľudia si mysleli, že jeho kariéra sa môže skončiť, ale Peter im dokázal, že sa mýlili, keď sa vrátil silnejší

Peter Sagan

Peter Sagan è nato per andare in **bicicletta**. Ha iniziato a correre quando era solo un ragazzino ed è diventato rapidamente uno dei ciclisti di maggior successo al mondo. La sua abilità naturale e il duro lavoro lo hanno reso uno dei ciclisti più **decorati** della storia, con molteplici vittorie ai Campionati del Mondo e al Tour de France. Ma non è sempre stato facile per Peter. Nel 2016 è stato coinvolto in un incidente che gli ha provocato **gravi** lesioni. Molti pensavano che la sua carriera potesse essere finita, ma Peter ha dimostrato che si sbagliava tornando più forte che mai. Oggi Peter è ancora considerato uno dei migliori ciclisti al mondo. Continua a vincere **gare** e a ispirare gli altri con la sua passione per il ciclismo. Era una **bella** giornata per una pedalata.

Il sole splendeva e la brezza soffiava, condizioni perfette per andare in bicicletta. Peter Sagan si mise in sella alla sua bicicletta, desideroso di fare chilometri. Mentre pedalava, pensava a tutti i successi ottenuti nella sua carriera. Aveva vinto **diversi** campionati del mondo e tappe del Tour de France, ma c'erano stati anche momenti difficili. Nel 2016 era stato coinvolto in un incidente che gli aveva procurato **gravi** lesioni. Molti pensavano che la sua carriera potesse essere finita,

ako kedykoľvek predtým. Peter Sagan nemiluje nič viac ako byť na bicykli a cítiť vietor, ktorý mu vŕzga vo vlasoch. Je to niečo, čo mu prináša radosť a **pokoj,** najmä po všetkom, čím **si v** posledných rokoch **prešiel.**

V roku 2016 sa Peter počas Tour de France stal účastníkom hrozivej nehody, pri ktorej utrpel vážne zranenia vrátane **zlomenín** kostí a vnútorného krvácania. Niektorí ľudia si mysleli, že to bude koniec jeho pretekárskej **kariéry,** ale mýlili sa. Po mesiacoch rehabilitácie sa Peter neuveriteľne vrátil a vyhral viacero pretekov vrátane dvoch etáp na minuloročnej Tour de France. Nielenže všetkým dokázal, že sa mýlili, ale inšpiroval aj ďalších jazdcov, ktorí si možno prešli podobnými ťažkými skúškami. Bez ohľadu na to, čo mu **život** pripraví, Peter bude vždy šliapať do pedálov.

ma Peter ha dimostrato che si sbagliavano tornando più forte che mai. Peter Sagan non ama altro che essere in sella alla sua bicicletta e sentire il vento che gli scompiglia i capelli. È qualcosa che gli porta gioia e **pace**, soprattutto dopo tutto quello che ha **passato** negli ultimi anni.

Nel 2016, Peter è stato coinvolto in un terribile incidente durante il Tour de France che lo ha lasciato con gravi lesioni, tra cui ossa **rotte** ed emorragie interne. Alcuni pensavano che questa sarebbe stata la fine della sua **carriera** agonistica, ma si sbagliavano. Dopo mesi di riabilitazione, Peter ha fatto un incredibile ritorno, vincendo diverse gare, tra cui due tappe al Tour de France dello scorso anno. Non solo ha dimostrato che tutti si sbagliavano, ma ha ispirato altri corridori che potrebbero aver attraversato prove simili. Indipendentemente da ciò che **la vita** gli riserva, Peter continuerà sempre a pedalare.

Otázky na porozumenie

1. Aké sú niektoré z úspechov Petra Sagana?

2. Čo sa stalo s Petrom Saganom v roku 2016?

3. Ako reagoval Peter Sagan na svoje zranenia v roku 2016?

4. Čo si myslia priatelia a rodina Petra Sagana o jeho vášni pre cyklistiku?

5. Čo motivuje Petra Sagana, aby pokračoval v cyklistike?

6. Čo miluje Peter Sagan na cyklistike?

7. Čo je na práci profesionálneho cyklistu najťažšie?

8. Aká je obľúbená cyklistická trasa Petra Sagana?

9. Na akom bicykli jazdí Peter Sagan?

10. Aké sú ciele Petra Sagana do budúcnosti?

Domande di comprensione

1. Quali sono i risultati ottenuti da Peter Sagan?

2. Cosa è successo a Peter Sagan nel 2016?

3. Come ha reagito Peter Sagan ai suoi infortuni nel 2016?

4. Cosa pensano gli amici e la famiglia di Peter Sagan della sua passione per il ciclismo?

5. Cosa spinge Peter Sagan a continuare a pedalare?

6. Cosa ama Peter Sagan del ciclismo?

7. Qual è uno degli aspetti più difficili dell'essere un ciclista professionista?

8. Qual è il percorso ciclistico preferito da Peter Sagan?

9. Che tipo di bicicletta usa Peter Sagan?

10. Quali sono gli obiettivi di Peter Sagan per il futuro?

Gulášová polievka

Na Slovensku bol chladný zimný deň a na jedálnom lístku bola gulášová polievka. Hustá, výdatná polievka z hovädzieho mäsa, **zemiakov,** mrkvy a cibule bola presne to, čo všetci potrebovali na zahriatie. Keď sa rodina zhromaždila okolo stola, cítili lahodnú vôňu guláša, ktorý sa varil v hrnci. Všetci si dychtivo naplnili **misky** horúcou polievkou a nabrali si prvé lyžice. Chuť im explodovala v ústach; bola ešte lepšia, ako si predstavovali! Hovädzie mäso bolo **mäkké,** zelenina dokonale uvarená a vývar bol bohatý a aromatický. Bolo to naozaj dokonalé jedlo na chladný zimný deň. Keď dojedli svoje misky polievky, všetci sa cítili **teplí** a spokojní. Guláš sa im určite zapáčil! Potom sa však stalo niečo zvláštne.

Členovia rodiny sa jeden po druhom začali cítiť trochu **inak**. Začalo im škvŕkať v žalúdku a pociťovali nekontrolovateľné nutkanie grgnúť. Najprv sa to snažili zadržať, ale bolo to príliš silné. Vypustili obrovské **grganie,** ktoré sa ozývalo celým domom. Netrvalo dlho a všetci začali hlasno a často grgať; guláš im všetkým spôsobil plynatosť! Ale aj keď **vydávali** trápne **zvuky,** nikto nemohol prestať jesť chutnú polievku. Vlastne sa všetci vrátili po druhú... a tretiu... a štvrtú! Keď dojedli plnú misu guláša, všetci mali nafúknuté žalúdky

Zuppa di gulasch

Era una fredda giornata invernale in Slovacchia e il menu prevedeva una zuppa di gulasch. Questa zuppa densa e sostanziosa a base di manzo, **patate**, carote e cipolle era proprio quello che ci voleva per riscaldarsi. Quando la famiglia si riunì intorno al tavolo, sentì il delizioso aroma del gulasch che cuoceva a fuoco lento nella pentola. Tutti riempirono con impazienza le loro **ciotole** con la zuppa calda e fumante e ne presero i primi cucchiai. I sapori esplosero nelle loro bocche: era ancora meglio di quanto avessero immaginato! Il manzo era **tenero**, le verdure erano cotte alla perfezione e il brodo era ricco e saporito. Era davvero un pasto perfetto per una fredda giornata invernale. Quando finirono le loro ciotole di zuppa, tutti si sentirono **caldi** e soddisfatti. Il gulasch aveva decisamente colpito nel segno! Ma poi accadde qualcosa di strano.

Uno dopo l'altro, i membri della famiglia iniziarono a sentirsi un po' **diversi**. Lo stomaco ha cominciato a brontolare e hanno sentito un bisogno incontrollabile di ruttare. All'inizio cercavano di trattenerlo, ma era troppo forte. Emisero enormi **rutti** che risuonarono per tutta la casa. Non passò molto tempo prima che tutti ruttassero forte e spesso: il gulasch aveva fatto venire il gas a tutti! Ma nonostante i **rumori** imbarazzanti,

od nahromadených plynov. Kývali sa ako tučniaci a vypúšťali z úst malé "poot". Dokonca aj pes sa zapojil do akcie; začal prdieť ako **búrka**! Z jeho zadku sa ozývali zvuky ako pri hromobití.

Všetci sa smiali, ako hlúpo vyzerá (a smrdí). **Nakoniec** ľudia začali odchádzať; niektorí museli ísť do práce, iní už nemohli vydržať ďalšiu zábavu s flatulenciou (po chvíli to môže byť dosť ohromujúce). Keď každý človek odchádzal ,nezabudol poďakovať svojej hostiteľke za také **skvelé** jedlo - aj keď možno teraz ľutovala svoje rozhodnutie urobiť gulášovú polievku! Dom bol konečne prázdny a pes si išiel von vybaviť svoje záležitosti. Jediný zvuk, ktorý bolo počuť, bolo jemné **chrápanie** spiaceho dieťaťa. Celkovo to bolo vydarené - aj keď trochu zapáchajúce - zimné jedlo!

nessuno riuscì a smettere di mangiare la deliziosa zuppa. Anzi, tutti tornarono per il secondo... e il terzo... e il quarto! Quando finirono le loro scodelle di gulasch, gli stomaci di tutti erano gonfi e distesi per l'accumulo di gas. Si dimenavano come pinguini, emettendo piccoli "poots" mentre andavano avanti. Anche il cane si è unito all'azione: ha iniziato a scoreggiare come una **tempesta**! Sembrava un rumore di tuono proveniente dal suo didietro.

Tutti ridevano di quanto fosse sciocco (e puzzasse). **Alla fine**, la gente ha iniziato ad andarsene; alcuni dovevano andare al lavoro, mentre altri non ne potevano più di flatulenze divertenti (dopo un po' possono diventare piuttosto opprimenti). Quando ogni persona se ne andò, si assicurò di ringraziare la padrona di casa per il **meraviglioso** pasto, anche se forse si stava pentendo della sua decisione di preparare la zuppa di gulasch! La casa era finalmente vuota e il cane era uscito a fare i suoi bisogni. L'unico suono che si sentiva era il dolce **russare** del bambino che dormiva. Tutto sommato, è stato un pasto invernale di successo, anche se un po' puzzolente!

Otázky na porozumenie

1. Čo bolo na jedálnom lístku rodinného stretnutia?

2. Prečo bola gulášová polievka ideálna do chladného počasia?

3. Čo sa stalo s rodinou po zjedení polievky?

4. Ako pes prispel k situácii?

5. Ako sa cítili členovia rodiny po odchode zo stretnutia?

6. Aký zvuk naplnil dom po tom, čo všetci odišli?

7. Prečo mohla hostiteľka ľutovať svoje rozhodnutie uvariť gulášovú polievku?

8. Čo znamená slovo “guláš”?

9. Aký druh polievky je gulášová polievka?

10. Aké sú ingrediencie gulášovej polievky?

Domande di comprensione

1. Cosa c'era nel menu della riunione di famiglia?

2. Perché la zuppa di gulasch era perfetta per il freddo?

3. Cosa è successo alla famiglia dopo aver mangiato la zuppa?

4. Come ha contribuito il cane alla situazione?

5. Come si sono sentiti i membri della famiglia dopo aver lasciato la riunione?

6. Quale suono ha riempito la casa dopo che tutti se ne sono andati?

7. Perché la padrona di casa potrebbe essersi pentita della sua decisione di preparare la zuppa di gulasch?

8. Che cosa significa la parola "gulasch"?

9. Che tipo di zuppa è la zuppa di gulasch?

10. Quali sono gli ingredienti della zuppa di gulasch?

Ľadový hokej

Na Slovensku bol **chladný** zimný deň a na zimnom štadióne sa korčuľovali a hrali hry ľudia všetkých vekových kategórií. Vzduch bol naplnený zvukom korčúľ škriabajúcich o ľad a smiechom. Jeden mladý chlapec, Tomáš, bol dnes na klzisku obzvlášť nadšený. Práve dostal svoje prvé **korčule** a nemohol sa dočkať, až ich vyskúša. Opatrne vstúpil na ľad a pridržiaval sa steny, aby mal oporu. Nohy sa mu spočiatku triasli, ale čoskoro si zvykol a začal **sebavedomo** kĺzať. Hral sa s kamarátmi hry, až kým nenastal čas ísť domov. Keď odchádzal z klziska, vedel, že zajtra sa sem vráti znova - tentoraz ešte lepšie **pripravený**. Nasledujúci deň vstával Tomáš skoro a nemohol sa dočkať návratu na **klzisko**.

Obul si korčule a vyrazil von, tentoraz bez toho, aby sa držal steny. Dnes sa cítil **istejšie a** chcel vyskúšať korčuľovanie dozadu. Po niekoľkých pokusoch sa mu to konečne podarilo a žiaril pýchou. Na klzisku strávil celý deň a domov sa vrátil, až keď sa začalo stmievať. Jeho rodičia boli radi, že sa tak **zaujímal o** hokej, a sľúbili mu, že ho čoskoro zoberú na profesionálny zápas. Tomáš sa nemohol dočkať - vedel, že jedného dňa bude hrať na tom istom ľade. O niekoľko rokov neskôr bol Tomáš členom slovenského národného hokejového

Hockey su ghiaccio

Era una **fredda** giornata d'inverno in Slovacchia e la pista di hockey su ghiaccio era occupata da persone di tutte le età che pattinavano e giocavano. Nell'aria si sentiva il rumore dei pattini che sfregavano sul ghiaccio e delle risate. Un ragazzo, Tomas, era particolarmente eccitato di essere alla pista oggi. Aveva appena ricevuto il suo primo paio di **pattini** e non vedeva l'ora di provarli. Con cautela è salito sul ghiaccio, aggrappandosi al muro come sostegno. All'inizio le sue gambe traballano, ma presto si abitua e inizia a scivolare **con sicurezza**. Giocò con i suoi amici finché non arrivò l'ora di tornare a casa. Mentre usciva dalla pista, sapeva che sarebbe tornato di nuovo domani, questa volta ancora più **preparato**. Tomas si alzò presto il giorno dopo, ansioso di tornare alla **pista**.

Si mise i pattini e uscì, questa volta senza aggrapparsi al muro. Oggi si sentiva più **sicuro** e voleva provare a pattinare all'indietro. Dopo alcuni tentativi, finalmente ci riuscì e sorrise d'orgoglio. Passò l'intera giornata alla pista di pattinaggio, tornando a casa solo quando iniziò a fare buio. I suoi genitori erano felici di vedere che si era **interessato all'**hockey e gli promisero di portarlo presto a vedere una partita di professionisti. Tomas non vedeva l'ora: sapeva che un giorno avrebbe giocato

tímu. Tvrdo pracoval, aby sa dostal tam, kde bol, a miloval každú minútu. Miloval pocit korčuľovania po ľade vo vysokej rýchlosti, prácu s pukom s hokejkou a strieľanie gólov. Dnes hral na **turnaji a** jeho tím sa stretol s Kanadou.

Zápas bol vyrovnaný, ale nakoniec sa z neho tešilo Slovensko, ktoré zvíťazilo 3:2. Keď Tomáš dvíhal trofej nad hlavu, spomínal na svoje začiatky, keď sa učil korčuľovať - vedel, že ak sa človek odhodlá, je **možné** všetko! Bol to finálový zápas play-off Stanleyho pohára a Tomášov tím stál proti najväčším **rivalom,** Rusku. Celá krajina stála za nimi a **povzbudzovala** ich. Zápas bol napínavý, ale nakoniec Slovensko vyhralo výsledkom 4:3. Keď z oblohy padali konfety a Tomáš objímal svojich spoluhráčov, premýšľal o tom, ako ďaleko sa dostal od tých prvých dní **korčuľovania na** miestnom klzisku. Vedel, že tento okamih mu zostane navždy - konečne sa mu splnil sen.

su quello stesso ghiaccio. Qualche anno dopo, Tomas faceva parte della **squadra** nazionale slovacca di hockey. Aveva lavorato duramente per arrivare dove era arrivato e ne amava ogni minuto. Amava la sensazione di pattinare sul ghiaccio ad alta velocità, di maneggiare il disco con il bastone e di segnare gol. Oggi stava giocando un **torneo** e la sua squadra era impegnata contro il Canada.

La partita è stata combattuta, ma alla fine la Slovacchia si è imposta con un 3-2. Mentre Tomas sollevava il trofeo sopra la testa, ripensava ai primi giorni in cui aveva imparato a pattinare: sapeva che tutto era **possibile** se ci si impegnava! Era la partita finale dei playoff della Stanley Cup e la squadra di Tomas affrontava i suoi più grandi **rivali**, la Russia. L'intero Paese li sosteneva e faceva **il tifo** per loro. La partita fu intensa, ma alla fine la Slovacchia vinse con il punteggio di 4-3. Mentre i coriandoli cadevano dal cielo e Tomas abbracciava i suoi compagni di squadra, pensava a quanta strada aveva fatto da quei primi giorni in cui **pattinava** nella sua pista locale. Sapeva che questo momento gli sarebbe rimasto impresso per sempre: aveva finalmente realizzato il suo sogno.

Otázky na porozumenie

1. Kde korčuľoval Tomáš?

2. S kým korčuľoval Tomáš?

3. Ako voňal vzduch?

4. Ako sa cítil Tomáš, keď prvýkrát vstúpil na ľad?

5. Čo robil Tomáš, keď prišiel domov?

6. Ako sa Tomáš cítil na druhý deň, keď sa vrátil na ľad?

7. Aký bol Tomášov cieľ?

8. O koľko rokov neskôr hral Tomáš na turnaji?

9. Aké bolo konečné skóre zápasu?

10. Na čo myslel Tomáš, keď padali konfety?

Domande di comprensione

1. Dove pattinava Tomas?

2. Con chi pattinava Tomas?

3. Che odore aveva l'aria?

4. Come si è sentito Tomas quando ha messo piede sul ghiaccio per la prima volta?

5. Che cosa ha fatto Tomas quando è tornato a casa?

6. Come si è sentito Tomas il giorno dopo, quando è tornato alla pista di pattinaggio?

7. Qual era l'obiettivo di Tomas?

8. Quanti anni dopo Tomas ha partecipato a un torneo?

9. Qual è stato il punteggio finale della partita?

10. A cosa pensava Tomas quando sono caduti i coriandoli?

Banská Štiavnica

Banská Štiavnica je malé mesto na strednom Slovensku. Je známe najmä vďaka zachovalej stredovekej architektúre a krásnej prírodnej scenérii. **História** mesta siaha do 13. storočia, keď ho založili nemeckí osadníci. Dnes je Banská Štiavnica obľúbeným turistickým cieľom Slovákov aj cudzincov. Jednou z najobľúbenejších **atrakcií** Banskej Štiavnice je hrad Červený Kameň. Hrad bol postavený v 15. storočí a v priebehu rokov slúžil ako sídlo moci viacerých uhorských **šľachticov.** Dnes sa v ňom nachádza múzeum, ktoré rozpráva o histórii hradu. Návštevníci si z jeho veží môžu vychutnať aj nádherný výhľad na okolitú krajinu. Ďalším obľúbeným turistickým cieľom je Banskoštiavnické banské múzeum.

Múzeum sa nachádza v bývalej **baníckej** škole a predstavuje bohatú históriu baníctva a hutníctva v meste. Návštevníci sa môžu dozvedieť o rôznych metódach používaných na získavanie kovov zo zeme, ako aj vidieť niektoré zariadenia, ktoré sa v tomto období používali. V Banskej Štiavnici sa nachádza aj množstvo **krásnych** parkov a záhrad. Jedným z nich je park Jánosa Bolyaia, ktorý bol pomenovaný po slávnom maďarskom matematikovi, ktorý niekoľko rokov žil v Banskej Štiavnici. V parku sa nachádza

Banská Štiavnica

Banská Štiavnica è una piccola città situata nella Slovacchia centrale. È conosciuta soprattutto per la sua architettura medievale ben conservata e per i suoi bellissimi paesaggi naturali. La **storia** della città risale al XIII secolo, quando fu fondata da coloni tedeschi. Oggi Banská Štiavnica è una destinazione turistica popolare sia per gli slovacchi che per gli stranieri. Una delle **attrazioni** più popolari di Banská Štiavnica è il Castello di Červený Kameň. Il castello fu costruito nel XV secolo e nel corso degli anni è stato sede del potere di diversi **nobili** ungheresi. Oggi ospita un museo che racconta la storia del castello. Dalle sue torri i visitatori possono anche godere di una splendida vista sulla campagna **circostante**. Un'altra popolare destinazione turistica è il Museo minerario di Banská Štiavnica.

Il museo si trova in un'ex scuola **mineraria** e illustra la ricca storia mineraria e metallurgica della città. I visitatori possono conoscere i diversi metodi utilizzati per estrarre i metalli dalla terra e vedere alcune delle attrezzature utilizzate in quel periodo. Banská Štiavnica ospita anche molti **bellissimi** parchi e giardini. Uno di questi è il Parco János Bolyai, che prende il nome da un famoso matematico ungherese che visse a Banská Štiavnica per diversi anni. Il parco ospita una **statua** di

socha Bolyaia, ako aj jazierko, pri ktorom si návštevníci môžu oddýchnuť a vychutnať si pokojné prostredie. Ak hľadáte miesto, kde si môžete pochutnať na výbornom jedle, Banská Štiavnica je ideálnym miestom. Mestské **reštaurácie** ponúkajú rôzne tradičné slovenské jedlá, ako aj jedlá medzinárodnej kuchyne. Nachádza sa tu aj niekoľko kaviarní a pekární, kde si môžete vychutnať sladkú pochúťku alebo osviežujúcu šálku kávy.

Či už vás zaujíma história, **príroda,** alebo si len chcete oddýchnuť a vychutnať si dobré jedlo, Banská Štiavnica ponúka niečo pre každého. Prečo teda nenavštíviť toto pôvabné slovenské mesto a nepozrieť sa, čo všetko ponúka? Slnko práve začínalo vykukovať nad obzor a vrhalo teplú **žiaru na** mestečko Banská Štiavnica. Vtáky na stromoch spievali a ľudia sa začínali pohybovať vo svojich domovoch, pretože sa začal ďalší deň. V centre mesta sa skupinka detí hrala na bábiku okolo sochy Jánosa Bolyaia. Smiali sa a vtipkovali, ako pobehovali, bez akejkoľvek starostlivosti. Zrazu jeden z chlapcov zakopol a s hrmotom spadol na zem. Vydal bolestný výkrik a chytil sa za **koleno**. Kamaráti sa okolo neho znepokojene zhromaždili, ale on sa rýchlo zbavil ich pomoci a postavil sa na nohy. Bol to len ďalší deň v Banskej Štiavnici.

Bolyai e un laghetto dove i visitatori possono rilassarsi e godersi l'ambiente tranquillo. Se siete alla ricerca di un posto dove gustare del cibo delizioso, Banská Štiavnica è il luogo perfetto. I **ristoranti** della città offrono una varietà di piatti tradizionali slovacchi e internazionali. Ci sono anche diversi caffè e panetterie dove potrete gustare un dolce o una tazza di caffè rinfrescante.

Che siate interessati alla storia, alla **natura** o che vogliate semplicemente rilassarvi e gustare del buon cibo, Banská Štiavnica ha qualcosa per tutti. Allora perché non visitare questa affascinante città slovacca e vedere cosa ha da offrire? Il sole cominciava a fare capolino all'orizzonte, proiettando una calda **luce** sulla piccola città di Banská Štiavnica. Gli uccelli cantavano sugli alberi e la gente cominciava ad agitarsi nelle proprie case, mentre iniziava un altro giorno. Nel centro della città, un gruppo di bambini stava giocando a rimpiattino intorno alla statua di János Bolyai. Ridevano e scherzavano mentre correvano, senza preoccuparsi di nulla. All'improvviso, uno dei ragazzi inciampò e cadde a terra con un tonfo. Emise un grido di dolore stringendosi il **ginocchio**. I suoi amici si strinsero intorno a lui, preoccupati, ma lui si allontanò rapidamente dal loro aiuto e si rimise in piedi. Era un giorno come un altro a Banská Štiavnica.

Otázky na porozumenie

1. Čím je Banská Štiavnica najznámejšia?

2. Kedy bola Banská Štiavnica založená?

3. Čo je hrad Červený Kameň?

4. Čo je Banské múzeum v Banskej Štiavnici?

5. Čo je park Jánosa Bolyaia?

6. Kto bol János Bolyai?

7. Čo nájdete v mestských reštauráciách?

8. Čo robí slnko na začiatku textu?

9. Čo robí skupina detí okolo sochy Jánosa Bolyaia?

10. Čo sa stane s jedným z chlapcov v skupine?

Domande di comprensione

1. Per cosa è più conosciuta Banská Štiavnica?

2. Quando è stata fondata Banská Štiavnica?

3. Che cos'è il castello di Červený Kameň?

4. Che cos'è il Museo minerario di Banská Štiavnica?

5. Che cos'è il Parco János Bolyai?

6. Chi era János Bolyai?

7. Cosa si può trovare nei ristoranti della città?

8. Cosa fa il sole all'inizio del testo?

9. Cosa sta facendo il gruppo di bambini intorno alla statua di János Bolyai?

10. Cosa succede a uno dei ragazzi del gruppo?

Tenis

Slnko nemilosrdne pálilo na tenisový **kurt**. Hráči sa veľmi potili a oblečenie sa im lepilo na telo. Dychčali a lapali po dychu, ale nechceli **prestať**. Toto bol finálový set a ten, kto ho vyhrá, sa stane šampiónom. Obaja hráči boli vyčerpaní, ale odmietali sa vzdať. Pokračovali v súbojoch tam a späť, pričom každý bod bol čoraz rozhodujúcejší. Diváci ich povzbudzovali, ale zdalo sa, že ani jeden z hráčov nepočuje nič okrem zvuku loptičky narážajúcej na ich **raketu**. Nakoniec, po hodinách, ktoré sa zdali byť dlhé, sa jednému z hráčov podarilo šťastným úderom prekonať obranu súpera a vyhrať zápasový bod. **Vyčerpaný** sa zrútil na zem, zatiaľ čo publikum vypuklo v **potlesk**.

Hráčom, ktorý vyhral zápas, bol **mladík** menom John. Tenis hral len niekoľko rokov, ale rýchlo sa stal jedným z najlepších hráčov v krajine. Tento turnaj bol jeho prvým veľkým víťazstvom a mal pocit, že všetka jeho tvrdá práca sa **konečne vyplatila.** Keď odchádzal z kurtu, stretli ho rodičia a priatelia, ktorí mu blahoželali k víťazstvu. V ich **očiach videl** hrdosť a cítil sa vďaka tomu ešte lepšie. Vedel, že toto nebude jeho posledné víťazstvo, ale určite to bol moment, ktorý si bude navždy pamätať. Johnovým súperom bol muž menom Roger. Bol to skúsený **veterán** a tenisu sa venoval

Tennis

Il sole batteva senza pietà sul **campo** da tennis. I giocatori sudavano copiosamente e i vestiti si appiccicavano ai loro corpi. Ansimavano e respiravano a fatica, ma non volevano **fermarsi**. Questo era il set finale e chi l'avesse vinto sarebbe stato il campione. Entrambi i giocatori erano esausti, ma non volevano arrendersi. Continuarono a lottare avanti e indietro, ogni punto diventava sempre più cruciale. Il pubblico li incitava, ma sembrava che nessuno dei due giocatori riuscisse a sentire altro se non il suono della palla che colpiva la **racchetta**. Alla fine, dopo quelle che sembravano ore, uno dei due giocatori riuscì con un colpo fortunato a superare le difese dell'avversario e a conquistare il match point. Si accasciò a terra **esausto,** mentre la folla scoppiava in un **applauso**.

Il giocatore che vinse la partita era un giovane di nome John. Giocava a tennis solo da pochi anni, ma era diventato rapidamente uno dei migliori giocatori del Paese. Questo torneo era la sua prima grande vittoria e sembrava che tutto il suo duro lavoro fosse stato **finalmente ripagato**. Quando uscì dal campo, fu accolto dai genitori e dagli amici, che si congratularono con lui per la vittoria. Poteva vedere l'orgoglio nei loro **occhi** e questo lo faceva sentire ancora meglio con se

väčšinu svojho života. Túto prehru niesol ťažko, ale vedel, že John odohral **vynikajúci** zápas.

Pred odchodom z kurtu zablahoželal Johnovi k víťazstvu a podal mu ruku. Nevedel, či sa mu ešte niekedy podarí Johna poraziť, ale nemienil sa vzdať bez boja. Johnovo víťazstvo na turnaji z neho urobilo známe meno. Zrazu **s** ním začali **robiť rozhovory** všetky hlavné spravodajské agentúry a dokonca ho pozvali do niekoľkých talkshow. Užíval si svoju novonadobudnutú slávu, ale vedel, že to nebude trvať večne. Bol odhodlaný naďalej **vyhrávať** a upevniť si miesto jedného z najlepších tenistov v histórii. Niekoľko mesiacov po svojom veľkom víťazstve sa John opäť stretol s Rogerom na inom turnaji. Tentoraz bol Roger na neho pripravený a podarilo sa mu ho poraziť v priamom súboji. Nebolo to ľahké, ale Rogerovi sa konečne podarilo **pomstiť**.

stesso. Sapeva che non sarebbe stata la sua ultima vittoria, ma era sicuramente un momento che avrebbe ricordato per sempre. L'avversario di John era un uomo di nome Roger. Era un **veterano** e giocava a tennis da quasi tutta la vita. Questa sconfitta fu difficile da accettare per lui, ma sapeva che John aveva giocato una partita **eccellente**.

Si congratulò con John per la sua vittoria e gli strinse la mano prima di uscire dal campo. Non sapeva se sarebbe mai riuscito a battere di nuovo John, ma non si sarebbe arreso senza combattere. La vittoria di John nel torneo lo rese famoso. All'improvviso tutti i principali organi di informazione lo **intervistano** e lo invitano persino a partecipare ad alcuni talk show. Si stava godendo la nuova fama, ma sapeva che non sarebbe durata per sempre. Era determinato a continuare a **vincere** e a consolidare il suo posto come uno dei più grandi tennisti della storia. Pochi mesi dopo la sua grande vittoria, John incontrò nuovamente Roger a un altro torneo. Questa volta, Roger era pronto per lui e riuscì a batterlo in set diretti. Non fu facile, ma Roger aveva finalmente ottenuto la sua **rivincita**.

Otázky na porozumenie

1. Ako sa volal hráč, ktorý vyhral zápas?

2. Koľko rokov hral John tenis, keď vyhral zápas?

3. Čo urobili Johnovi rodičia a priatelia, keď sa s ním stretli po zápase?

4. Ako sa John cítil pri svojej novonadobudnutej sláve?

5. Ako dopadol druhý zápas medzi Johnom a Rogerom?

6. Ako sa cítil Roger po víťazstve v druhom zápase?

7. Čo robili diváci po skončení zápasu?

8. Prečo bol tento zápas taký dôležitý?

9. Čo urobil John po tom, ako vyhral zápas?

10. Aké bolo počas zápasu počasie?

Domande di comprensione

1. Come si chiama il giocatore che ha vinto la partita?

2. Da quanti anni John giocava a tennis quando ha vinto la partita?

3. Cosa hanno fatto i genitori e gli amici di John quando lo hanno incontrato dopo la partita?

4. Come si sentiva John di fronte alla sua nuova fama?

5. Qual è stato il risultato della seconda partita tra John e Roger?

6. Come si è sentito Roger dopo aver vinto il secondo match?

7. Cosa ha fatto il pubblico al termine della partita?

8. Perché la partita era così importante?

9. Cosa ha fatto John dopo aver vinto la partita?

10. Che tempo faceva durante la partita?

Martina Hingisová

Martina Hingisová bola vždy talentovanou **tenistkou**. Začala hrať, keď mala len štyri roky, a keď mala šestnásť, získala už päť grandslamových titulov vo dvojhre. V roku 2007, vo veku tridsať rokov, však Martina oznámila, že končí s profesionálnym tenisom. Mnohí ľudia si mysleli, že to bolo preto, lebo už nedokázala držať krok s **mladšími** hráčkami na turné. Pravdou však je, že Martina už jednoducho nemala vášeň pre tenis. Už niekoľko mesiacov neodohrala **súťažný** zápas, a hoci stále rada chodila na kurt odbíjať loptičky, vedela, že je čas ísť ďalej. Čo teda Martina robila po ukončení profesionálnej tenisovej kariéry? V prvom rade si vzala toľko potrebný čas na oddych! Cestovala po Európe so svojimi priateľmi a rodinou a konečne **spoznala** život mimo sveta súťažného športu.

Bolo to pre ňu osviežujúce a skutočne jej to umožnilo oceniť všetko, čo život ponúka mimo získavania **trofejí**. Nakoniec však Martina opäť začala byť nervózna a uvedomila si, že chce v živote niečo **náročnejšie** ako len pohodové cestovanie alebo odbíjanie loptičiek na miestnych kurtoch. Vtedy sa rozhodla začať trénovať mladých nádejných tenistov. Martina vždy rada pracovala s deťmi a veľmi dobre ich učila základy tenisu. **Rýchlo** si však uvedomila, že trénerstvo nebude

Martina Hingis

Martina Hingis è sempre stata una **tennista** di talento. Ha iniziato a giocare a soli quattro anni e a sedici aveva già vinto cinque titoli del Grande Slam in singolare. Ma nel 2007, all'età di trent'anni, Martina ha annunciato il suo ritiro dal tennis professionistico. Molti pensavano che fosse perché non era più in grado di tenere il passo con le giocatrici **più giovani del** tour. Ma la verità è che Martina non aveva più la passione per il tennis. Non giocava una partita **competitiva** da mesi e anche se le piaceva ancora scendere in campo per colpire qualche palla, sapeva che era arrivato il momento di andare avanti. Che cosa ha fatto Martina dopo il ritiro dal tennis professionistico? Innanzitutto si è presa un po' di tempo libero, di cui aveva bisogno! Ha viaggiato per l'Europa con i suoi amici e la sua famiglia e finalmente ha potuto **sperimentare la** vita al di fuori del mondo dello sport agonistico.

Per lei è stata una boccata d'ossigeno e le ha permesso di apprezzare tutto ciò che la vita ha da offrire al di fuori della vittoria dei **trofei**. Alla fine, però, Martina ha ricominciato a essere impaziente e ha capito di volere qualcosa di più **impegnativo** nella sua vita che non un semplice viaggio o un tiro di palline nei campi locali. È allora che ha deciso di iniziare ad allenare

také jednoduché, ako si myslela. Tieto deti neustále skúšali jej trpezlivosť a tlačili na jej pílu! Martina však vytrvala, pretože vedela, že ak sa jej podarí pomôcť aspoň jednému z týchto detí rozvinúť ich **potenciál**, všetko to nakoniec bude stáť za to.

A po niekoľkých mesiacoch tvrdej práce sa u jedného z jej **študentov** začali prejavovať skutočné pokroky. Volal sa Tim a mal len dvanásť rokov, ale mal obrovský talent. Martina s Timom úzko spolupracovala, pomáhala mu dolaďovať jeho zručnosti a rozvíjať stratégiu na **kurte**. Zároveň mu vštepovala dôležitosť športového správania a to, ako elegantne zvládať výhru či prehru. Nakoniec, po mesiacoch príprav, Tim nastúpil na svoj prvý juniorský turnaj... a vyhral ho! Pre Martinu aj Tima to bol **neuveriteľný** pocit a spoločne oslavovali ako skutoční šampióni. Martinina trénerská kariéra pokračovala v rozkvete a čoskoro mala na zozname študentov, ktorí nielen vyhrávali turnaje, ale získavali aj národné **uznanie**. Rýchlo sa stala jednou z najvyhľadávanejších tréneriek v **krajine**.

giovani aspiranti tennisti. Martina ha sempre amato lavorare con i bambini ed era molto brava a insegnare loro le basi del tennis. Ma si rese **subito** conto che allenare non sarebbe stato così facile come pensava. Questi bambini mettevano costantemente alla prova la sua pazienza e la facevano arrabbiare! Ma Martina ha perseverato perché sapeva che se avesse potuto aiutare uno solo di questi bambini a raggiungere il proprio **potenziale**, alla fine ne sarebbe valsa la pena.

E di certo, dopo alcuni mesi di duro lavoro, uno dei suoi **studenti** iniziò a mostrare veri progressi. Si chiamava Tim, aveva solo dodici anni, ma aveva un grande talento. Martina lavorò a stretto contatto con Tim, aiutandolo a perfezionare le sue abilità e a sviluppare la sua strategia in **campo**. Gli ha anche inculcato l'importanza della sportività e di come gestire la vittoria o la sconfitta con grazia. Finalmente, dopo mesi di preparazione, Tim partecipò al suo primo torneo giovanile... e vinse! Fu una sensazione **incredibile** sia per Martina che per Tim, che festeggiarono insieme come veri campioni. La carriera di allenatrice di Martina continuò a fiorire e presto ebbe una rosa di studenti che non solo vincevano i tornei, ma ottenevano anche **riconoscimenti** nazionali. In breve tempo divenne uno degli allenatori più richiesti del **Paese**.

Otázky na porozumenie

1. Čo bolo hlavným dôvodom odchodu Martiny Hingisovej z profesionálneho tenisu?

2. Ako sa Martina cítila, keď začínala trénovať?

3. Prečo bol Tim pre Martinu špeciálnym študentom?

4. Ako Martina pomohla Timovi pripraviť sa na turnaje?

5. Ako dopadol Timov prvý juniorský turnaj?

6. Aká je teraz Martinina trénerská kariéra?

7. Koľko grandslamových titulov vo dvojhre získala Martina do svojich šestnástich rokov?

8. Čo robila Martina po skončení profesionálneho tenisu?

9. Aký bol pocit pre Martinu a Tima, keď Tim vyhral svoj prvý juniorský turnaj?

10. Akú vec vštepila Martina Timovi?

Domande di comprensione

1. Qual è stata la ragione principale del ritiro di Martina Hingis dal tennis professionistico?

2. Come si sentiva Martina quando ha iniziato ad allenare?

3. Perché Tim era uno studente speciale per Martina?

4. In che modo Martina ha aiutato Tim a prepararsi per i tornei?

5. Qual è stato il risultato del primo torneo giovanile di Tim?

6. Come si presenta oggi la carriera di allenatore di Martina?

7. Quanti titoli del Grande Slam in singolare ha vinto Martina all'età di sedici anni?

8. Cosa ha fatto Martina dopo essersi ritirata dal tennis professionistico?

9. Che sensazione hanno provato Martina e Tim quando Tim ha vinto il suo primo torneo juniores?

10. Qual è una cosa che Martina ha inculcato a Tim?

Na pláži

Po východe slnka sú vlny hlasnejšie a piesok nad prílivom je biely. Schádzam na pláž a **obdivujem** more a slnko. Moje prsty na nohách cítia ryhy mušlí. Piesok ma studí na prstoch. Usmejem sa a pokračujem ďalej. Príliv je vysoký, takže si musím dávať pozor, aby ma nevtiahol dnu. Kráčam po brehu a obdivujem more. Východ slnka je **nádherný a** vlny sa rozbíjajú. Cítim sa taká pokojná. Prichádzam na miesto, kde je skalný výbežok. Sadnem si a pozorujem vlny. Voda je taká modrá a obloha taká **oranžová**. Cítim sa ako vo sne. Zavriem oči a len tak počúvam vlny. Dlho som tam sedela, až kým som nepočula, ako niekto volá moje meno.

Otvorím oči a vidím mamu, ako ku mne kráča. V tvári má ustarostený výraz. Usmejem sa a zamávam jej a ona **sa uvoľní**. "Rozmýšľala som, kam si išla," hovorí. "Som rada, že sa ti na pláži páči." Odpovedám: "Áno." "Je tu tak krásne." "Ja viem," povie. "Keď som bola v tvojom veku, chodievala som sem stále." "Naozaj?" Spýtam sa. "Áno," odpovie. "Je to výnimočné miesto." "Stretla si tu niekedy niekoho výnimočného?" Pýtam sa. "Stretla," odpovie s úsmevom. "Tvojho otca." "Naozaj?" Poviem **prekvapene**. "Áno," povie. "Chodievali sme sem spolu stále. Tu sme sa do seba zamilovali. "

In spiaggia

Dopo l'alba, le onde sono più forti e la sabbia sopra la marea è bianca. Cammino verso la spiaggia, **ammirando** il mare e il sole. Le mie dita dei piedi sentono i solchi delle conchiglie. La sabbia è fredda sulle dita dei piedi. Sorrido e continuo a camminare. La marea è alta, quindi devo fare attenzione a non farmi trascinare. Cammino lungo la riva, ammirando il mare. L'alba è **bellissima** e le onde si infrangono. Mi sento così in pace. Arrivo a un punto in cui c'è una roccia affiorante. Mi siedo e guardo le onde. L'acqua è così blu e il cielo è così **arancione**. Mi sembra di essere in un sogno. Chiudo gli occhi e ascolto le onde. Rimasi seduto lì per molto tempo, finché non sentii qualcuno che chiamava il mio nome.

Apro gli occhi e vedo mia madre che viene verso di me. Ha un'espressione preoccupata. Le sorrido e la saluto, e lei **si rilassa**. "Mi chiedevo dove fossi andata", dice. "Sono contenta che ti stia godendo la spiaggia". Io rispondo: "Lo sto facendo". "È così bello qui". "Lo so", dice. "Venivo sempre qui quando avevo la tua età". "Davvero?" Chiedo. "Sì", risponde. "È un posto speciale". "Hai mai incontrato qualcuno di speciale qui?". Le chiedo. "Sì", risponde sorridendo. "Tuo padre". "Davvero?" Dico, **sorpreso**. "Sì", dice

Usmejem sa a **predstavím si, ako sa** moji rodičia zamilovali na tejto krásnej pláži. "Je to výnimočné miesto," zopakuje. "Som rada, že si sem dnes prišiel."

Ešte chvíľu tam sedíme a **pozorujeme** vlny a západ slnka. Potom vstaneme a vrátime sa k našim plážovým uterákom. Ľahnem si a pozerám na hviezdy. Cítim sa taká šťastná a spokojná. Vlny sú teraz hlasnejšie a piesok je studený. Slnko zapadá a fúka chladný vánok. Vlny sa rozbíjajú o breh a vo vzduchu je cítiť vôňu soli. Je to dokonalý večer na to, aby sme boli na pláži. Prechádzam sa po pobreží, **počúvam** šumenie vĺn a pozorujem západ slnka. Vidím skupinu ľudí, ktorí sedia na piesku, smejú sa a vtipkujú. Vyzerajú, že sa výborne bavia. Pristúpim k nim a spýtam sa, či sa k nim môžem pridať. Súhlasia a zvyšok večera sa rozprávame, smejeme a sledujeme **západ slnka**. Je to dokonalý večer. So skupinou sa rozprávame až do západu slnka. Vymieňame si príbehy a vtipy a všetci sa výborne bavíme. Keď sa začne schyľovať k noci, všetci sa začíname cítiť unavení. Bozkávame sa na **rozlúčku** a rozchádzame sa. Vraciam sa do hotela a cítim sa šťastný a spokojný. Nemôžem uveriť, aké je to tu krásne. Som taká šťastná, že som to mohla **zažiť**.

lei. “Venivamo sempre qui insieme. È qui che ci siamo innamorati. “Sorrido, **immaginando i** miei genitori che si innamorano su questa bellissima spiaggia. “È un posto speciale”, ripete. “Sono felice che siate venuti qui oggi”.

Rimaniamo seduti ancora per un po’ a **guardare** le onde e il tramonto. Poi ci alziamo e torniamo ai nostri teli da mare. Mi sdraio e guardo le stelle. Mi sento così felice e soddisfatta. Le onde ora sono più forti e la sabbia è fredda. Il sole sta tramontando e soffia una brezza fresca. Le onde si infrangono sulla riva e nell’aria si sente l’odore del sale. È una serata perfetta per stare in spiaggia. Cammino lungo la riva, **ascoltando** il suono delle onde e guardando il tramonto. Vedo un gruppo di persone sedute sulla sabbia che ridono e scherzano. Sembra che si stiano divertendo molto. Mi avvicino a loro e chiedo se posso unirmi a loro. Mi rispondono di sì e passiamo il resto della serata a parlare, ridere e guardare il **tramonto**. È una serata perfetta. Io e il gruppo parliamo fino al tramonto. Condividiamo storie e battute e ci divertiamo molto. Quando la notte inizia a calare, cominciamo tutti a sentirci stanchi. Ci **salutiamo** con un bacio e ci separiamo. Torno al mio hotel, felice e soddisfatta. Non riesco a credere a quanto sia bello qui. Sono così fortunata ad averlo **vissuto**.

Otázky na porozumenie

1. Kam ide rozprávač po prebudení?

2. Čo rozprávač obdivuje, keď sa prechádza po pláži?

3. Na čo si musí rozprávač dávať pozor, keď sa prechádza po pláži?

4. Kam si rozprávač sadne, aby si vychutnal výhľad?

5. Ako dlho tam rozprávač sedí?

6. Koho vidí rozprávač, keď opäť otvorí oči?

7. Čo hovorí matka rozprávača?

8. O čom sa rozpráva rozprávač a ľudia, ktorých stretáva?

Domande di comprensione

1. Dove va la narratrice dopo essersi svegliata?

2. Che cosa ammira la narratrice mentre cammina lungo la spiaggia?

3. A che cosa deve fare attenzione la narratrice mentre cammina lungo la spiaggia?

4. Dove si siede il narratore per godersi il panorama?

5. Per quanto tempo il narratore rimane seduto lì?

6. Chi vede la narratrice quando riapre gli occhi?

7. Cosa dice la madre del narratore?

8. Di che cosa parlano il narratore e le persone che incontra?

Kempovanie pri jazere

Kráčam k jazeru a **obdivujem** pokojnú scenériu. Na malé jazero dopadá slnko, takže voda vyzerá ako sklenená tabuľa. Jediným pohybom je občasné zvlnenie, ktoré spôsobí ryba **rozrážajúca** hladinu. Zdá sa, že aj vtáky si oddýchli od horúčavy, vzduchom sa rozlieha len šum cikád. **Zrazu** pokoj naruší hlasné špliechanie. Z vody vyskočila veľká **ryba a** snažila sa chytiť vážku. Ryba minula svoj cieľ a so špliechaním spadla späť do vody. "Páni," pomyslím si, "to bola veľká ryba!" Obzrel som sa okolo seba, či ju nevidel niekto iný, ale nikto nebol nablízku. Asi im to budem musieť povedať, keď sa vrátim do tábora.

Horúčava je **ťaživá,** ťažko sa dýcha. Vzduch je hustý a ťažký ako deka, ktorá vás obklopuje. Jediná úľava je vo vode. Je chladivá a osviežujúca, ako studený nápoj v horúcom dni. Zhlboka sa nadýchnem a ponorím sa do vody. Úľava je okamžitá, keď ma obklopí chladná voda. Plávam až na dno a potom sa vraciam na hladinu a cítim, ako mi voda ochladzuje telo. Pokračujem v **plávaní a** užívam si oddych od horúčavy. Po chvíli vyleziem z vody a ľahnem si na trávu, aby mi slnko osušilo telo. Zavriem oči a zaspím, zvuk **cikád** ma

Campeggio al lago

Cammino verso il lago, **ammirando** la tranquillità della scena. Il sole batte sul piccolo lago, facendo sembrare l'acqua una lastra di vetro. L'unico movimento è l'increspatura occasionale di un pesce **che rompe** la superficie. Anche gli uccelli sembrano prendersi una pausa dal caldo, con il solo suono delle cicale che riempie l'aria. **All'improvviso**, la pace è rotta da un forte tonfo. Un grosso **pesce** è saltato fuori dall'acqua, cercando di catturare una libellula. Il pesce manca il bersaglio e ricade in acqua con un tonfo. "Wow", penso tra me e me, "quello era un pesce grosso!". Mi guardai intorno per vedere se qualcun altro l'avesse visto, ma non c'era nessuno. Immagino che dovrò raccontarlo quando tornerò al campo.

Il caldo è **opprimente** e rende difficile respirare. L'aria è densa e pesante, come una coperta che ti avvolge. L'unico sollievo è l'acqua. È fresca e rinfrescante, come una bibita fresca in una giornata calda. Faccio un respiro profondo e mi immergo nell'acqua. Il sollievo è immediato quando l'acqua fresca mi circonda. Nuoto fino al fondo e poi risalgo in superficie, sentendo l'acqua rinfrescare il mio corpo. Continuo a **nuotare**

ukolíše do hlbokého spánku. Nechávam slnko, aby mi z pokožky vypieklo vodu. Cítim, ako sa mi pokožka červená, ale je mi to jedno. Je mi príliš horúco na to, aby mi na tom záležalo. vzápätí si uvedomím, že slnko zapadá. Obloha je nádherne oranžová s pruhmi ružovej a fialovej. Horúčava je preč, nahradil ju chladný **vánok**.

Vstávam a obliekam sa, cítim sa svieža a omladená. Zhlboka **sa nadýchnem** chladného vzduchu a usmejem sa. Je to dobrý pocit byť nažive. Vraciam sa späť do kempu a obdivujem, ako na oblohe tancujú farby. V diaľke vidím horieť táborák a vo vzduchu cítim dym. Usmejem sa a **zrýchlim** krok. Som pripravená oddýchnuť si a užiť si zvyšok večera. Vchádzam do táboriska a vidím, že všetci sú zhromaždení okolo ohňa. **Smejú sa** a vtipkujú a ja vidím, ako sa im oheň odráža v očiach. Usmejem sa a sadnem si vedľa svojich priateľov. Je dobré byť späť. Nasledujúce ráno vstávam skoro a začínam si baliť veci. Už sa neviem dočkať, kedy sa vrátim na cestu a budem pokračovať v putovaní. Rozlúčim sa s priateľmi a začnem odchádzať. Počas chôdze sa naposledy pozriem na **kemp**. V diaľke vidím stále horiaci oheň a vo vzduchu cítim dym. Usmejem sa a zrýchlim krok. Som pripravený pokračovať v **ceste**.

a vasche, godendomi la tregua dal caldo. Dopo un po' esco dall'acqua e mi sdraio sull'erba, lasciando che il sole asciughi il mio corpo. Chiudo gli occhi e mi addormento, mentre il suono delle **cicale** mi culla in un sonno profondo. Lascio che il sole scrosti l'acqua dalla mia pelle. Sento la pelle arrossarsi, ma non mi importa. Sono troppo accaldato per preoccuparmene. Il cielo è di un bellissimo arancione, con striature di rosa e viola. Il caldo è scomparso, sostituito da una fresca **brezza**.

Mi alzo e mi rivesto, sentendomi rinfrescata e ringiovanita. **Respiro** profondamente l'aria fresca e sorrido. È bello essere vivi. Torno al campeggio, ammirando il modo in cui i colori danzano nel cielo. Vedo il fuoco che arde in lontananza e sento l'odore del fumo nell'aria. Sorrido e **accelero il** passo. Sono pronto a rilassarmi e a godermi il resto della serata. Entro nel campeggio e vedo che tutti sono riuniti intorno al fuoco. **Ridono** e scherzano e posso vedere il fuoco riflesso nei loro occhi. Sorrido e mi siedo accanto ai miei amici. È bello essere tornati. La mattina dopo mi sveglio presto e comincio a raccogliere le mie cose. Sono impaziente di riprendere il cammino e continuare il mio viaggio. Saluto i miei amici e mi incammino. Mentre cammino, do un'ultima occhiata al **campeggio**. Vedo il fuoco ancora acceso in lontananza e sento l'odore del fumo nell'aria. Sorrido e accelero il passo. Sono pronto a continuare il mio **viaggio**.

Otázky na porozumenie

1. Kam ide chodec?

2. Aké je počasie?

3. Ako vyzerá voda?

4. Ako chodec reaguje na teplo?

5. Čo robí ryba?

6. Prečo je chodec sám?

7. Aký je pocit z vody?

8. Ako sa chodec cíti po plávaní?

9. V ktorú dennú hodinu sa chodec zobudí?

10. Kam ide chodec, keď opustí tábor?

Domande di comprensione

1. Dove sta andando il camminatore?

2. Che tempo fa?

3. Che aspetto ha l'acqua?

4. Come reagisce il deambulatore al calore?

5. Cosa sta facendo il pesce?

6. Perché il camminatore è solo?

7. Come si sente l'acqua?

8. Come si sente il camminatore dopo il nuoto?

9. A che ora del giorno si sveglia il deambulatore?

10. Dove va l'ambulante quando lascia il campo?

Dom

Minulý týždeň som sa presťahovala do svojho nového domu a veľmi **sa teším**! Je oveľa väčší ako môj starý a má veľký dvor. Nemôžem sa dočkať, až k nám budú chodiť priatelia na grilovačky a večierky. Mojou **najobľúbenejšou** časťou je moja nová spálňa. Je taká veľká a svetlá a mám v nej veľa miesta na všetky svoje veci. Som naozaj spokojná so svojím novým domom a myslím, že tu budem veľmi šťastná. Rozhodla som sa, že dom ešte trochu preskúmam. Vyšiel som na druhé poschodie a začal som sa uberať do kuchyne, keď som na stene uvidel veľkého čierneho pavúka! Vykríkla som a utekala dolu. Bola som taká **vystrašená**! Ale po niekoľkých minútach som sa upokojil a rozhodol som sa vrátiť na poschodie. Pomaly som sa dostala do kuchyne a videla som, že pavúk je preč. Tak veľmi sa mi uľavilo! Vrátil som sa dolu a rozhodol som sa ísť von preskúmať **dvor**. Bol taký veľký! Nemohla som tomu uveriť. V rohu som uvidela hojdačku a šmýkačku. Videla som aj basketbalovú sieť a **trampolínu**. Bol som taký nadšený!

Nemôžem sa dočkať, až budem môcť používať všetky tieto nové veci. **Susedia** prišli a predstavili sa. Vyzerali veľmi milo a chvíľu sme sa rozprávali. Pozvali ma na budúci víkend na grilovačku a ja som povedal, že rád prídem. Prvý týždeň v novom dome bol skvelý a teším

La casa

La settimana scorsa mi sono trasferita nella mia nuova casa e sono così **entusiasta**! È molto più grande di quella vecchia e ha un grande cortile. Non vedo l'ora di invitare gli amici per grigliate e feste. La mia parte **preferita** è la mia nuova camera da letto. È così grande e luminosa e ho molto spazio per mettere tutte le mie cose. Sono molto contenta della mia nuova casa e penso che sarò molto felice qui. Ho deciso di esplorare ancora un po' la casa. Sono salita al secondo piano e ho iniziato a dirigermi verso la cucina quando ho visto un grosso ragno nero sul muro! Ho urlato e sono corsa di sotto. Ero così **spaventata**! Ma dopo qualche minuto mi sono calmata e ho deciso di tornare di sopra. Mi sono avvicinata lentamente alla cucina e ho visto che il ragno non c'era più. Ero così sollevata! Tornai al piano di sotto e decisi di uscire per esplorare il **giardino**. Era così grande! Non potevo crederci. Vidi un'altalena in un angolo e uno scivolo. Vidi anche una rete da basket e un **trampolino**. Ero così eccitato!

Non vedo l'ora di usare tutto questo nuovo materiale. I **vicini sono** venuti e si sono presentati. Sembravano molto gentili e abbiamo parlato per un po'. Mi hanno invitato al loro barbecue il prossimo fine settimana e ho detto che mi sarebbe piaciuto venire. La prima

sa na všetky nové dobrodružstvá, ktoré ma čakajú. Dnes sa opäť chystám preskúmať dvor a zistiť, čo ešte nájdem. Kto vie, možno nájdem aj nejaký **poklad**. Už sa neviem dočkať, čo prinesie nasledujúci týždeň! Nasledujúci týždeň som sa opäť vydal na prieskum na dvor a našiel som **tajnú** záhradu. Bola taká krásna! Všade boli kvety a malé jazierko s rybami. Videla som aj hojdačku, ktorú som predtým nevidela. Bola som taká nadšená, že som našla túto tajnú záhradu, a už sa neviem dočkať, kedy ju budem môcť preskúmať viac. Bola taká **krásna**!

Všade boli kvety a malé jazierko s rybami. Videl som aj hojdačku, ktorú som predtým nevidel. Bola som taká nadšená, že som našla túto tajnú záhradu, a už sa neviem dočkať, kedy ju budem môcť preskúmať viac. Páčila sa mi aj moja nová izba. Bola taká veľká a svetlá a na stenách už boli plagáty mojich obľúbených skupín. Dokonca som si ani nemusela priniesť žiadny vlastný **nábytok,** pretože tu už bola posteľ, komoda a stôl. Toto bude ten najlepší rok! Bola som trochu nervózna z toho, že začínam v novej **škole,** ale všetci moji noví susedia boli veľmi priateľskí. Dokonca som sa zoznámila s dievčaťom, ktoré býva vedľa, a hovorí, že so mnou pôjde v prvý deň do školy pešo. Milujem svoj nový dom a veľmi sa teším, že môžem začať túto novú kapitolu svojho života! Zajtrajšok bude skvelý!

settimana nella mia nuova casa è stata fantastica e sono entusiasta di tutte le nuove avventure che mi aspettano. Oggi andrò di nuovo a esplorare il cortile per vedere cos'altro riesco a trovare. Chissà, forse troverò anche un **tesoro**. Non vedo l'ora di vedere cosa mi porterà la prossima settimana! La settimana successiva sono andata di nuovo in esplorazione nel cortile e ho trovato un giardino **segreto**. Era così bello! C'erano fiori dappertutto e un laghetto con i pesci. Ho visto anche un'altalena che non avevo mai visto prima. Ero così entusiasta di aver trovato questo giardino segreto e non vedo l'ora di esplorarlo ancora. Era così **bello**!

C'erano fiori dappertutto e un laghetto con dei pesci. Ho anche visto un'**altalena** che non avevo mai visto prima. Ero così entusiasta di aver trovato questo giardino segreto e non vedo l'ora di esplorarlo meglio. Mi è piaciuta molto anche la mia nuova stanza. Era così grande e luminosa e sulle pareti c'erano già i poster delle mie band preferite. Non ho nemmeno dovuto portare i miei **mobili**, perché c'erano già un letto, una cassettiera e una scrivania. Questo sarà l'anno migliore di sempre! Ero un po' nervosa all'idea di iniziare una nuova **scuola**, ma tutti i miei nuovi vicini sono stati così amichevoli. Ho persino conosciuto una ragazza che abita nella casa accanto e ha detto che verrà a scuola con me il primo giorno. Adoro la mia nuova casa e sono così entusiasta di iniziare questo nuovo capitolo della mia vita! Domani sarà fantastico!

Otázky na porozumenie

1. Kde daná osoba žije?

2. Ako sa mu páči v novom dome?

3. Aká je obľúbená časť nového domu?

4. Čo našiel človek v záhrade?

5. Kto sú susedia?

6. Aké boli prvé dni v novom dome?

7. Aká je obľúbená časť novej izby?

8. Čo plánuje táto osoba robiť zajtra?

9. Čo bolo najlepšie na prvom týždni v novom dome?

10. Čo všetko sa nachádza v novej izbe tejto osoby?

Domande di comprensione

1. Dove vive la persona?

2. Come si trova la persona nella nuova casa?

3. Qual è la parte preferita della nuova casa?

4. Che cosa ha trovato la persona nel giardino?

5. Chi sono i vicini?

6. Come sono stati i primi giorni nella nuova casa?

7. Qual è la parte preferita della nuova stanza?

8. Che cosa ha intenzione di fare domani?

9. Qual è stata la parte migliore della prima settimana nella nuova casa?

10. Che cosa c'è nella nuova stanza della persona?

Vo vlaku

Bežala som na vlakovú stanicu, ale prišla som neskoro. Vlak už odišiel bezo mňa. Cítila som sa taká **nahnevaná** a **sklamaná** sama zo seba. Plánovala som ísť vlakom na návštevu starých rodičov, ktorí žijú na vidieku, ale teraz som musela čakať celú hodinu na ďalší vlak. Namiesto toho som sa rozhodla, že sa budem chvíľu prechádzať po meste, a snažila som sa zabudnúť na svoju premárnenú príležitosť. Počas prechádzky som začal **snívať o** všetkých miestach, kam vás **vlak** môže zaviesť. Zrazu som už nebol taký rozrušený. Vrátil som sa na stanicu a nemohol som si nevšimnúť veľkú červeno-bielo-modrú lokomotívu, ktorá si razí cestu ku mne. Až keď vidím **sprievodcu, ako na** mňa máva z okna, uvedomím si, že tento vlak je určený pre mňa. Nastúpim do vlaku, nájdem si miesto a usadím sa na miesto, ktoré sľubuje dlhú cestu.

Keď vychádzame zo stanice, nemôžem si pomôcť a premýšľam, kam ma tento vlak zavezie. Cez zelené **polia** a cez modré rieky, okolo hôr a údolí, nevedno, kam tento starý vlak pôjde. Keď sa začne stmievať, upadám do **pokojného** spánku, ukolísaný **rytmickým** pohybom vagónov na koľajniciach pod nami. Keď opäť nastane ráno, otvorím oči a zistím, že sme dorazili do malého mestečka kdesi uprostred ničoho. Slnko práve

Sul treno

Corsi alla stazione ferroviaria, ma ero troppo in ritardo. Il treno era già partito senza di me. Mi sentivo così **arrabbiata** e **delusa** con me stessa. Avevo intenzione di prendere il treno per andare a trovare i miei nonni che vivono in campagna, ma ora avrei dovuto aspettare un'ora intera per il treno successivo. Decisi invece di passeggiare un po' per la città, cercando di dimenticare l'occasione persa. Mentre camminavo, ho iniziato a **sognare a occhi aperti** tutti i luoghi in cui il **treno** può portarti. Improvvisamente, non ero più così arrabbiata. Rientro in stazione e non posso fare a meno di notare la grande locomotiva rossa, bianca e blu che si dirige verso di me. Solo quando vedo il **capotreno che** mi saluta dal finestrino capisco che quel treno è per me. Salgo sul treno e trovo il mio posto, sistemandomi per quello che si preannuncia un lungo viaggio.

Mentre usciamo dalla stazione, non posso fare a meno di chiedermi dove mi porterà questo treno. Attraverso **campi** verdi e fiumi blu, passando per montagne e valli, non si sa dove andrà questo vecchio treno. Quando inizia a calare la notte, mi addormento in un sonno **tranquillo**, cullato dal movimento **ritmico** dei vagoni sui binari sottostanti. Quando arriva il mattino, apro gli occhi e scopro che siamo arrivati in una piccola città

vykukuje nad obzor, keď sa miestni obyvatelia začínajú motať po hlavnej ulici; vyzerá to tu ako každý iný deň, až na jednu vec - pri radnici je vyvesená veľká tabuľa s nápisom "Vitajte na palube!" Zdá sa, že toto mestečko nás už dlho očakáva, hoci sme len obyčajný **osobný** vlak, ktorý tadiaľto prechádza na svojej ceste. Keď opäť nechávame mesto za sebou a rútime sa ktovie kam, usmievam sa na všetky tie priateľské tváre, ktoré nám mávajú na rozlúčku z tých malých domčekov učupených medzi **poľnohospodárskymi pozemkami** - je naozaj úžasné, ako niečo také zdanlivo obyčajné môže priniesť toľko radosti už len tým, že tadiaľ prechádzame. A potom sú tu, samozrejme, **deti**.

Vykloním sa z okna svojej lokomotívy. Vždy ma potešia svojimi žiariacimi očami a veľkými úsmevmi. Energicky som im zamávala späť, kým som sa vrátila do svojej **kabíny** a posadila sa. Bol to už dlhý deň, ale ešte sa neskončil; do **cieľa** našej cesty zostáva ešte niekoľko hodín. Vytiahnem si knihu a začnem čítať, nechám sa rytmickým hojdaním vlaku ukolísať do pokojného stavu. Z času na čas sa pozriem na scenériu, ktorá prechádza okolo - nikdy sa neomrzí, nech ju vidím koľkokrát chcem. Nakoniec sa začne stmievať a v diaľke sa začnú objavovať **blikajúce** svetlá; už sa blížime.

nel bel mezzo del nulla. Il sole fa appena capolino all'orizzonte, mentre la gente del posto inizia a girare per la Main Street; sembra un giorno come un altro, tranne che per una cosa: c'è un grande cartello affisso vicino al municipio che recita "Benvenuti a bordo!". Sembra che questa piccola città ci stesse aspettando, anche se siamo solo un normale treno **passeggeri** di passaggio sulla nostra strada. Mentre ci lasciamo ancora una volta la città alle spalle, andando verso chissà dove, sorrido a tutte le facce amichevoli che ci salutano da quelle casette incastonate tra i **campi coltivati:** è davvero incredibile come qualcosa di così apparentemente ordinario possa portare tanta gioia semplicemente passando di lì. E poi, naturalmente, ci sono i **bambini**.

Mi affaccio al finestrino della mia locomotiva. Mi fanno sempre sentire così felice con i loro occhi lucidi e i loro grandi sorrisi. Li saluto energicamente prima di tornare nella mia **cabina** e sedermi. È stata già una lunga giornata, ma non è ancora finita; mancano ancora alcune ore per raggiungere la nostra **destinazione** finale. Tiro fuori il mio libro e inizio a leggere, lasciando che il dondolio ritmico del treno mi culli in uno stato di pace. Di tanto in tanto alzo lo sguardo verso il paesaggio che passa fuori: non diventa mai vecchio, anche se lo vedo tante volte. Alla fine inizia a calare la notte e le luci **scintillanti** cominciano ad apparire in lontananza; ci stiamo avvicinando.

Otázky na porozumenie

1. Kam ide vlak?

2. Kto cestuje vlakom?

3. Kedy odchádza vlak?

4. Ako sa hlavný hrdina dostane do vlaku?

5. Odkiaľ prichádza vlak?

6. Kam pôjde vlak ďalej?

7. Kedy dorazili cestujúci?

8. Ako sa cíti hlavný hrdina, keď mu ujde vlak?

9. Ako reaguje rušňovodič, keď uvidí hlavného hrdinu?

10. Prečo má hlavný hrdina rád vlaky?

Domande di comprensione

1. Dove va il treno?

2. Chi viaggia sul treno?

3. Quando parte il treno?

4. Come fa il protagonista a salire sul treno?

5. Da dove viene il treno?

6. Dove è diretto il treno?

7. Quando sono arrivati i passeggeri?

8. Come si sente il protagonista quando perde il treno?

9. Come reagisce il macchinista quando vede il protagonista?

10. Perché al protagonista piacciono i treni?

Varenie večere

Je päť hodín popoludní a ja idem domov z práce. **Teším sa na** pokojný večer doma s partnerom. Spoločne si uvaríme večeru a potom budeme po zvyšok večera len relaxovať. Je príjemné vedieť, že dnes **večer** nemám žiadne plány ani povinnosti. Prídem domov a môj partner je už v kuchyni a začína pripravovať našu večeru. **Úžasne** to tu vonia! Počas varenia sa rozprávame, dohovárame si o svojich dňoch a zdieľame malé príbehy z nášho pracovného života. Kuchyňa je moja najobľúbenejšia miestnosť v našom byte. Milujem varenie a obzvlášť rada varím so svojím partnerom. Vždy sa tu dobre bavíme, smejeme sa a vtipkujeme, kým varíme. Navyše, keď pracujeme **spolu,** jedlo je vždy **neuveriteľné**.

Dnes večer pripravujeme jeden z mojich najobľúbenejších receptov: **kuracie** mäso s parmezánom. Môj partner začne s obaľovaním kurčaťa, zatiaľ čo ja dám variť omáčku na **sporáku**. Pracujeme spolu ako dobre namazaný stroj a o chvíľu je večera pripravená na podávanie. Sadneme si k nášmu malému kuchynskému stolu s **taniermi** plnými kuracieho parmezánu, cestovín a šalátu. Cinkneme pohármi a zoberieme si prvé sústo - a je to **božské**! Kura je zvonka chrumkavé, ale vnútri šťavnaté, omáčka

Cucinare la cena

Sono le 17.00 e sto tornando a casa dal lavoro. Non vedo l'**ora** di passare una serata tranquilla a casa con il mio compagno. Cucineremo insieme la cena e poi ci rilasseremo per il resto della serata. È bello sapere che questa **sera non ho** programmi o obblighi. Arrivo a casa e il mio partner è già in cucina a preparare la cena. C'è un profumo **fantastico** qui dentro! Chiacchieriamo mentre cuciniamo, raccontandoci le nostre giornate e condividendo piccole storie della nostra vita lavorativa. La cucina è la mia stanza preferita del nostro appartamento. Adoro cucinare e soprattutto adoro farlo con il mio compagno. Ci divertiamo sempre molto qui dentro, ridendo e scherzando mentre cuciniamo. Inoltre, il cibo è sempre **incredibile** quando lavoriamo **insieme**.

Stasera prepariamo una delle mie ricette preferite di sempre: il **pollo** alla parmigiana. Il mio collega inizia a impanare il pollo, mentre io faccio cuocere la salsa sul **fuoco**. Lavoriamo insieme come una macchina ben oliata e in poco tempo la cena è pronta da servire. Ci sediamo al tavolo della nostra cucina con i **piatti** colmi di pollo alla parmigiana, pasta e insalata. Facciamo tintinnare i bicchieri e assaggiamo il primo boccone... ed è **paradisiaco**! Il pollo è croccante all'esterno ma succoso all'interno; il sugo è saporito e

je aromatická a dokonalá, cestoviny sú uvarené al dente... dnes večer chutí všetko úplne dokonale. Obaja vieme, že toto bol jeden z tých večerov, keď sa všetko dokonale zladilo a my **si vychutnávame** každé sústo nášho lahodného jedla. Chutilo to ešte lepšie, ako to voňalo - čo bolo sakra dobré! Jedlo dojeme pomerne rýchlo, pretože ani jeden z nás dnes nie je obzvlášť hladný, ale neponáhľame sa a vychutnávame si ešte niekoľko **pohárov** vína, pričom sa zľahka rozprávame na tú a tú tému. Po večeri spoločne rýchlo upratujeme a potom sa presunieme do obývačky, kde strávime nejaký čas **objatím** na gauči pri sledovaní televízie.

Je to taký príjemný pocit byť si nablízku po dlhom dni strávenom v **práci**. Cítim sa spokojná. Aj keď sme nemali rušný večer, bolo príjemné stráviť spolu nejaký čas bez toho, aby sme museli opustiť dom. Pozreli sme si film a išli sme skoro spať s pocitom **spokojnosti s** našou jednoduchou nocou. Toto sa stalo jednou z našich **najobľúbenejších** činností počas večerov, keď sa nám nechce ísť von - jednoducho si oddýchnuť doma a užívať si vzájomnú spoločnosť pri domácom jedle. Je vždy príjemné vedieť, že sa sem môžeme vrátiť po dlhom dni a byť sami sebou.

perfetto; la pasta è cotta al dente... tutto ha un sapore assolutamente perfetto stasera. Sappiamo entrambi che questa è stata una di quelle sere in cui tutto si è unito alla perfezione, mentre **assaporiamo** fino all'ultimo boccone il nostro delizioso pasto. Il sapore era persino migliore del profumo, che era dannatamente buono! Finiamo il pasto relativamente in fretta, visto che oggi nessuno dei due ha particolarmente fame, ma ci prendiamo tutto il tempo necessario per goderci qualche altro **bicchiere di** vino chiacchierando con leggerezza di questo e quell'argomento. Dopo cena, puliamo velocemente insieme e poi ci spostiamo in salotto, dove passiamo un po' di tempo **a coccolarci** sul divano guardando la TV.

È così bello stare vicini dopo una lunga giornata di **lavoro**. Mi sento soddisfatta. Anche se non abbiamo avuto una serata movimentata, è stato bello passare un po' di tempo insieme senza dover uscire di casa. Abbiamo guardato un film e siamo andati a letto presto, sentendoci **soddisfatti** della nostra semplice serata. Questa è diventata una delle cose che **preferiamo** fare nelle sere in cui non vogliamo uscire: rilassarci a casa e goderci la reciproca compagnia con un pasto fatto in casa. È sempre bello sapere che possiamo tornare qui dopo una lunga giornata ed essere semplicemente noi stessi.

Otázky na porozumenie

1. Odkiaľ pochádza rozprávač?

2. Čo robí rozprávač po práci?

3. Čo rozprávač jedáva na večeru?

4. Prečo má rozprávač rád kuchyňu?

5. Aký druh jedla dvojica varí?

6. Ako sa rozprávač cíti na konci večera?

7. Čo robí pár najradšej?

8. Čo robia manželia, keď sú unavení?

9. Kde spia?

10. Prečo rozprávač rád zostáva doma?

Domande di comprensione

1. Da dove viene il narratore?

2. Cosa fa il narratore dopo il lavoro?

3. Cosa mangia il narratore per cena?

4. Perché al narratore piace la cucina?

5. Che tipo di piatto cucina la coppia?

6. Come si sente il narratore alla fine della serata?

7. Qual è la cosa che la coppia preferisce fare?

8. Cosa fa la coppia quando è stanca?

9. Dove dormono?

10. Perché al narratore piace stare a casa?

Chôdza domov

Keď som išiel z práce domov, bola **pokojná** noc. Ako som kráčal, nemohol som si pomôcť a usmieval som sa pri spomienkach. Bol to dobrý pocit byť späť v mojej starej štvrti. Zamával som niekoľkým známym a oni mi zamávali späť. Bolo dobré byť doma. Prechádzal som okolo svojej starej školy a **spomínal som na** všetky tie pekné chvíle, ktoré som prežil so svojimi priateľmi. Vždy sme sa spolu vracali domov a rozprávali sa o svojom dni. **Niekedy** sme sa zastavili na zmrzlinu alebo sme išli do parku. To boli tie najlepšie časy. Tie časy mi chýbajú. Ale teraz mám svoju vlastnú rodinu a som so svojím životom spokojná. Som rada, že sa môžem pozrieť späť na tie spomienky a usmievať sa. Sú súčasťou môjho života, ktorú si budem vždy vážiť. Boli to tie najlepšie časy. Tie časy mi chýbajú. Ale teraz mám svoju vlastnú rodinu a som spokojný so svojím životom. Som rád, že sa môžem na tie **spomienky** pozrieť a usmievať sa. Sú súčasťou môjho života, ktorú si budem vždy vážiť.

Kráčam ďalej a myslím na pekné chvíle, ktoré som prežil s priateľmi. Viem, že ich čoskoro opäť uvidím. Smerujem k svojmu domovu a rozhodnem sa prejsť cez neďaleký park. Slnko zapadá a obloha sa sfarbuje do **krásnej** oranžovej farby. Park je prázdny, až na

Camminare verso casa

Era una notte **tranquilla** mentre tornavo a casa dal lavoro. Mentre camminavo, non potevo fare a meno di sorridere ai ricordi. Era bello tornare nel mio vecchio quartiere. Salutai alcune persone che conoscevo e loro ricambiarono il saluto. Era bello essere a casa. Passai davanti alla mia vecchia scuola e **ricordai** tutti i bei momenti passati con i miei amici. Tornavamo sempre a casa insieme e parlavamo della nostra giornata. **A volte ci** fermavamo a prendere un gelato o andavamo al parco. Erano i momenti migliori. Mi mancano quei momenti. Ma ora ho la mia famiglia e sono felice della mia vita. Sono felice di poter guardare indietro a quei ricordi e sorridere. Sono una parte della mia vita che conserverò per sempre. Erano i tempi migliori. Mi mancano quei tempi. Ma ora ho la mia famiglia e sono felice della mia vita. Sono felice di poter guardare indietro a quei **ricordi** e sorridere. Sono una parte della mia vita che conserverò per sempre.

Continuo a camminare, pensando ai bei momenti passati con i miei amici. So che li rivedrò presto. Mi dirigo verso casa e decido di passeggiare in un parco lì vicino. Il sole sta tramontando e il cielo sta diventando di un **bel** colore arancione. Il parco è vuoto, a parte

niekoľko vtákov štebotajúcich na stromoch. Zhlboka **sa nadýchnem** a usmejem sa. Ako prechádzam parkom, vidím, ako sa po oblohe tiahne padajúca hviezda. Vyslovím želanie na tú hviezdu a pokračujem v chôdzi. Premýšľam o svojom dni v práci a o tom, aký bol **pokojný.** Usmievam sa sama na seba a myslím na to, aké mám šťastie, že mám takú skvelú prácu. Kráčam domov a na pokožke **cítim** chladný nočný vzduch. Cítim sa taká živá a šťastná, len si užívam jednoduchý akt chôdze domov počas pokojnej noci.
Cítil som sa tak dobre, že som **si** začal **pískať**. Prešiel som okolo niekoľkých ľudí na ulici, ale všetci si hľadeli svojho.

Zahol som za roh svojej ulice a uvidel som susedovho kocúra, pána Whiskersa, sedieť na verande. Pozdravil som ho a on mi mňaučal naspäť. **Odomkol** som dvere a vošiel dovnútra. Bol som taký šťastný, že som doma. Zul som si topánky a pripravil som sa do postele. V ten večer som išla spať s pocitom šťastia a vďačnosti, so srdcom plným lásky. Celú noc som pokojne spala a nič ma netrápilo. Prebudila som sa z pokojného spánku a **privítalo ma** slnko, ktoré svietilo cez okno. Vstala som z postele, pretiahla sa, zhlboka sa nadýchla a cítila, ako mi pľúca napĺňa chladný vzduch. Podišla som k oknu a pozrela sa von, počula som štebot vtákov a hru **veveričiek.** Usmiala som sa a išla som sa obliecť, cítila som sa šťastná a spokojná.

qualche uccello che cinguetta tra gli alberi. Faccio un **respiro** profondo e sorrido. Mentre cammino nel parco, vedo una stella cadente che attraversa il cielo. Esprimo un desiderio su quella stella e continuo a camminare. Penso alla mia giornata di lavoro e a quanto sia stata **tranquilla**. Sorrido tra me e me, pensando a quanto sono fortunata ad avere un lavoro così bello. Cammino verso casa, **sentendo** l'aria fresca della notte sulla mia pelle. Mi sento così viva e felice, godendomi il semplice atto di tornare a casa in una notte tranquilla.
Mi sentivo così bene che iniziai a **fischiettare**. Passai accanto ad alcune persone per strada, ma tutte si facevano gli affari loro.

Svoltato l'angolo della mia strada, vidi il gatto del mio vicino, Mr. Whiskers, seduto sul mio portico. Lo salutai e lui ricambiò il miagolio. **Aprii la** porta ed entrai.
Ero così felice di essere a casa. Mi tolsi le scarpe e mi preparai per andare a letto. Quella sera andai a letto felice e grata, con il cuore pieno d'amore. Dormii profondamente per tutta la notte, senza preoccuparmi di nulla. Mi svegliai da un sonno ristoratore e fui **accolta** dal sole che entrava dalla finestra. Mi alzai dal letto e mi stiracchiai, facendo un respiro profondo e sentendo l'aria fresca riempirmi i polmoni. Mi avvicinai alla finestra e guardai fuori, sentendo gli uccelli cinguettare e gli **scoiattoli** giocare. Sorrisi e andai a vestirmi, sentendomi felice e soddisfatta.

Otázky na porozumenie

1. Čo robil hlavný hrdina, keď sa príbeh začal?

2. Na čo myslel hlavný hrdina, keď kráčal domov?

3. Čo robil hlavný hrdina s priateľmi po škole?

4. Čo hlavnému hrdinovi chýba v tých časoch?

5. Čo si myslí hlavný hrdina o svojom súčasnom živote?

6. Čo urobí hlavný hrdina, keď uvidí padajúcu hviezdu?

7. Ako sa cíti hlavný hrdina, keď kráča domov?

8. Čo urobí hlavný hrdina, keď sa vráti domov?

9. Ako sa cíti hlavný hrdina, keď sa na druhý deň ráno zobudí?

10. Čo robí hlavný hrdina na druhý deň?

Domande di comprensione

1. Cosa stava facendo il protagonista quando è iniziata la storia?

2. A cosa pensava il protagonista mentre tornava a casa?

3. Cosa faceva il protagonista con gli amici dopo la scuola?

4. Cosa manca al protagonista di quei tempi?

5. Cosa pensa il protagonista della sua vita attuale?

6. Cosa fa il protagonista quando vede una stella cadente?

7. Come si sente il protagonista quando torna a casa?

8. Cosa fa il protagonista quando torna a casa?

9. Come si sente il protagonista quando si sveglia la mattina dopo?

10. Cosa fa il protagonista il giorno dopo?

Hrad

Rodina vždy túžila navštíviť starý zámok v **Nemecku** a nakoniec sa vybrala na cestu. Neboli **sklamaní**. Zámok bol nádherný a tešili sa z prehliadky jeho mnohých miestností a chodieb. Prvé, čo ich zarazilo, bola vôňa. Našli v ňom **pleseň**, vlhkosť a ešte niečo, čo nevedeli presne pomenovať. Druhou vecou bol zvuk. Kamenné múry sú síce hrubé, ale zvuk úplne neutlmia. Počuli každý krok, každé slovo vyslovené normálnym hlasom a občasné kvapkanie vody **kdesi v** diaľke. Keď sa ich oči prispôsobili slabému svetlu, uvideli okolo seba mohutné kamenné steny, z ktorých viseli gobelíny v **roztrhaných** kusoch. Stáli v obrovskej sále s vysokým stropom podopretým vyrezávanými stĺpmi. Páčil sa im aj výhľad z vežičiek a deti sa výborne zabávali pri pobehovaní po areáli. Kým skončili s prieskumom hradu, začalo zapadať **slnko a** oľutovali, že si so sebou nevzali **baterku**. Rozhodli sa, že sa vrátia ku vchodu, ale čoskoro zistili, že sa stratili. Blúdili tu akoby celé hodiny, až napokon narazili na dvere, ktoré viedli von. Pokračovali ďalej, až kým nedošli **na** koniec chodby a neprišli k impozantným dvojitým dverám. Nech sa snažili akokoľvek, dvere sa nedali pohnúť. **Zlovestne** hrkotali, ale nepohli sa ani o milimeter. Vyzeralo to, že ten, kto tu bol predtým, musel prejsť tadiaľto a zamknúť ich zvnútra. Nakoniec našli cestu von. Keď vyšli na chladný nočný vzduch, zaplavila ich úľava.

Il castello

La famiglia aveva sempre desiderato visitare un antico castello in **Germania** e finalmente ha intrapreso il viaggio. Non sono rimasti **delusi**. Il castello era bellissimo e si sono divertiti a esplorare le sue stanze e i suoi corridoi. La prima cosa che li colpì fu l'odore. Trovarono **muffa**, umidità e qualcos'altro che non riuscirono a definire con precisione. La seconda cosa è stata il suono. I muri di pietra sono spessi, ma non attutiscono completamente il suono. Sentirono ogni passo, ogni parola pronunciata con voce normale e l'occasionale gocciolio dell'acqua **da qualche parte** in lontananza. Quando i loro occhi si adattarono alla luce fioca, videro le massicce mura di pietra che incombevano intorno a loro, con gli arazzi appesi a **brandelli**. Si trovavano in un'enorme sala con un alto soffitto sostenuto da pilastri scolpiti. Anche a loro piaceva molto la vista che si godeva dalle torrette e i bambini si divertivano un mondo a correre per il parco. Quando finirono di esplorare il castello, il **sole** era già tramontato e si pentirono di non aver portato una **torcia**. Decisero di tornare all'ingresso, ma si persero subito. Vagarono per ore e ore, finché alla fine trovarono una porta che conduceva all'esterno. Proseguirono fino **alla** fine del corridoio e si trovarono davanti a un'imponente serie di doppie porte. Per quanto potessero, le porte non si muovevano.

Slnko začalo zapadať a oni **ľutovali,** že si nevzali baterku. Rozhodli sa vrátiť ku vchodu, ale čoskoro zistili, že sa stratili. Blúdili akoby celé hodiny, až napokon narazili na dvere, ktoré viedli **von**. Keď vyšli na chladný nočný vzduch, zaplavila ich úľava. Nasledujúci večer si na prieskum zvyšku hradu vzali so sebou baterku. Prešli cez **nádvorie až** k rieke, ktorá tiekla za hradbami. Ako sa prechádzali, začali počuť zvláštne zvuky. Znie to, akoby ich niekto sledoval. Zrýchlili krok, ale zvuky boli čoraz hlasnejšie a bližšie. Rodina sa rozbehla späť do hradu, ako najrýchlejšie vedela, a s úľavou zistila, že postava v **tmavom** plášti ich nesledovala.

Scricchiolano **minacciosamente**, ma non si muovono di un millimetro. Sembrava che chiunque fosse stato qui prima dovesse essere passato di qui e averle chiuse dall'interno. Alla fine trovano una via d'uscita. Il sollievo li invade mentre escono nell'aria fresca della notte.

Il sole aveva iniziato a tramontare e si **pentirono di non aver** portato una torcia elettrica. Decisero di tornare all'ingresso, ma presto si persero. Vagarono per ore e ore, finché alla fine trovarono una porta che conduceva all'**esterno**. Il sollievo li colse quando uscirono nell'aria fresca della notte. La sera successiva si assicurarono di portare con sé una torcia per esplorare il resto del castello. Attraversarono il **cortile** e scesero fino al fiume che scorreva dietro le mura del **castello**. Mentre camminavano, cominciarono a sentire strani rumori. Sembrava che qualcuno li stesse seguendo. Accelerarono il passo, ma i rumori diventavano sempre più forti e vicini. La famiglia tornò al castello il più velocemente possibile e si accorse con sollievo che la figura con il mantello **scuro** non li aveva seguiti.

Otázky na porozumenie

1. Čo urobila rodina, keď sa stratila na hrade?

2. Ako sa cítila rodina, keď zistila, že to bol len miestny muž?

3. Čo urobil muž, kvôli ktorému ho zatkli?

4. Aký bol rozsudok pre tohto muža?

5. Aký hluk počula rodina počas prechádzky?

6. Kde bola postava v tmavom plášti, keď ju rodina uvidela?

7. Čo robila rodina, keď sa vrátila do svojej izby?

8. Kedy sa rodina opäť vybrala na prehliadku hradu?

9. Čo bola tá vec, na ktorú rodina nevedela prísť?

10. Čo robila rodina predtým, ako sa opäť vydala na prieskum hradu?

Domande di comprensione

1. Cosa fece la famiglia quando si perse nel castello?

2. Come si è sentita la famiglia quando ha scoperto che si trattava solo di un uomo del posto?

3. Che cosa ha fatto l'uomo che lo ha fatto arrestare?

4. Qual è stata la sentenza per l'uomo?

5. Quale rumore ha sentito la famiglia mentre camminava?

6. Dov'era la figura con il mantello scuro quando la famiglia lo vide?

7. Che cosa ha fatto la famiglia quando è tornata nella sua stanza?

8. Quando la famiglia è tornata a esplorare il castello?

9. Qual era la cosa che la famiglia non riusciva a capire?

10. Cosa fece la famiglia prima di tornare a esplorare il castello?

Moja záhrada

Moja záhrada je moje šťastné miesto. Chodím do nej každý deň, či prší alebo svieti slnko, a trávim čas starostlivosťou o svoje rastliny. Mám tam od **všetkého trochu - zeleninu,** ovocie, kvety, bylinky. Dokonca mám aj niekoľko sliepok, ktoré mi pomáhajú držať škodcov na uzde. Dni v záhrade začínam zbieraním vajec od sliepok. Potom skontrolujem zeleninu, či má dostatok vody a slnka. Vyplejem záhony a pozbieram všetky chrobáky, ktoré by mohli rastliny **napadnúť.** Keď je o **všetko postarané,** sadnem si a užívam si pokoj a ticho prírody.

Vždy som rád trávil čas v záhrade. Je to niečo, čo ma obklopuje, keď som obklopená prírodou a všetkou tou **krásou, ktorú** ponúka. Je to pre mňa veľmi pokojné a upokojujúce miesto. Často trávim čas v záhrade, len tak relaxujem a vychutnávam si scenériu. Tiež ma baví pracovať v záhrade a pestovať veci. Mám celkom veľkú záhradu a rád v nej pestujem **rôzne** veci. Pestujem kvety, **zeleninu** a bylinky. Mám aj niekoľko ovocných stromov, ktoré rodia vynikajúce jablká, hrušky a slivky. Okrem pestovania rád trávim čas aj prechádzkami po záhrade a **obdivujem** rôzne rastliny a živočíchy, ktoré sú v nej doma. V priebehu rokov som strávil mnoho hodín prácou na tom, aby sa moja **záhrada**

Il mio giardino

Il mio giardino è il mio luogo felice. Esco ogni giorno, con la pioggia o con il sole, e passo il tempo a curare le mie piante. Ho un po' di **tutto: verdure**, frutta, fiori, erbe aromatiche. Ho anche alcune galline che mi aiutano a tenere lontani i parassiti. Inizio le mie giornate in giardino raccogliendo le uova dalle galline. Poi controllo le verdure, assicurandomi che ricevano acqua e sole a sufficienza. Diserbo le aiuole e rimuovo gli insetti che potrebbero **attaccare** le piante. Una volta sistemato **tutto**, mi siedo e mi godo la pace e la tranquillità della natura.

Ho sempre amato trascorrere del tempo nel mio giardino. C'è qualcosa nell'essere circondati dalla natura e da tutta la **bellezza che** ha da offrire. Trovo che sia un luogo molto tranquillo e rilassante. Spesso trascorro il tempo nel mio giardino rilassandomi e godendomi il paesaggio. Mi piace anche lavorare nel mio giardino e coltivare. Ho un giardino di buone dimensioni e mi piace coltivare **diverse** cose. Coltivo fiori, **verdure** ed erbe aromatiche. Ho anche alcuni alberi da frutto che producono mele, pere e prugne deliziose. Oltre a coltivare, mi piace anche passare il tempo passeggiando nel mio giardino, **ammirando** tutte le piante e gli animali che lo abitano. Negli anni

stala nielen krásnym, ale aj funkčným miestom. Rád pozorujem vtáky, ktoré poletujú okolo, a počúvam ich spev. Niekedy si dokonca vytiahnem knihu a čítam si v záhrade obklopený všetkou tou krásou, ktorú som vytvoril. **Záhradkárčenie** je mojou vášňou a prináša mi veľa radosti. Každý deň v mojej záhrade je dobrý deň.

Jednou z vecí, ktoré rada robím, je varenie, preto je pre mňa veľmi **dôležité** mať dobre zásobenú bylinkovú záhradu. Tymián, bazalka, oregano, rozmarín, šalvia a levanduľa sú len niektoré z byliniek, ktoré rada pestujem vo svojej záhrade, aby som ich mohla používať pri príprave jedál pre seba alebo pre **hostí**. Ďalšou vecou, ktorá je pre mňa dôležitá, keď ide o moju záhradu, je zabezpečiť, aby v nej bolo veľa farieb. Na dosiahnutie tohto cieľa pestujem širokú škálu kvetov vrátane **ruží,** ľalií, sedmokrások, tulipánov, impatiens, nechtíkov atď. Okrem pridávania farieb pomocou kvetov rada pridávam aj zaujímavosť používaním rôznych **textúr** v celej záhrade. Môžem napríklad vysadiť paprade pod vysoké slnečnice alebo hostie **vedľa** ostnatých okrasných tráv. Bez ohľadu na to, čo sa v živote deje, práca v záhrade mi vždy pomôže cítiť sa viac spätý s prírodou a v pokoji so sebou samým.

ho trascorso molte ore a lavorare per rendere il mio **giardino** un luogo non solo bello ma anche funzionale. Mi piace osservare gli uccelli che svolazzano in giro e ascoltarli cantare. A volte tiro fuori un libro e leggo in giardino, circondata da tutta la bellezza che ho creato. Il **giardinaggio** è la mia passione e mi porta tanta gioia. Ogni giorno nel mio giardino è un buon giorno.

Una delle cose che amo fare è cucinare, quindi avere un giardino di erbe aromatiche ben fornito è molto **importante** per me. Timo, basilico, origano, rosmarino, salvia e lavanda sono solo alcune delle erbe che mi piace coltivare nel mio giardino per poterle usare quando cucino per me o per gli **ospiti**. Un'altra cosa importante per me quando si tratta del mio giardino è assicurarmi che ci sia molto colore in tutto il giardino. Per raggiungere questo obiettivo, coltivo una grande varietà di fiori, tra cui **rose**, gigli, margherite, tulipani, impatiens, calendule, ecc. Oltre ad aggiungere colore con i fiori, mi piace anche aggiungere interesse utilizzando diverse **texture** in tutto il giardino. Per esempio, potrei piantare felci sotto imponenti girasoli o hosta **accanto a** spigolose erbe ornamentali. Indipendentemente da ciò che accade nella vita, lavorare nel mio giardino **riesce** sempre a farmi sentire più connessa con la natura e in pace con me stessa.

Otázky na porozumenie

1. Kde sa nachádza autorova záhrada?

2. Koľko sliepok má autor?

3. Čo robí autor v záhrade každý deň?

4. Prečo sa autorovi páči záhrada?

5. Aké bylinky vysadil autor v záhrade?

6. Prečo je pre autora dôležité, že v jeho záhrade je veľa farieb?

7. Ako autor spestruje svoju záhradu?

8. Ako sa cíti autor, keď pracuje vo svojej záhrade?

9. Čo dáva autorovi pocit spojenia, keď je vo svojej záhrade?

10. Prečo je každý deň v autorovej záhrade dobrým dňom?

Domande di comprensione

1. Dove si trova il giardino dell'autore?

2. Quanti polli ha l'autore?

3. Che cosa fa l'autore in giardino ogni giorno?

4. Perché all'autore piace il giardino?

5. Quali sono le erbe che l'autore pianta nel giardino?

6. Perché è importante per l'autore che ci siano molti colori nel suo giardino?

7. Come fa l'autore a dare varietà al suo giardino?

8. Come si sente l'autore quando lavora nel suo giardino?

9. Cosa fa sentire l'autore in sintonia quando è nel suo giardino?

10. Perché ogni giorno nel giardino dell'autore è un buon giorno?

Nakupovanie

Rád chodím **nakupovať do** obchodného centra. Je to vždy taká zábava prechádzať sa a pozerať sa na rôzne obchody. V nákupnom centre si každý nájde niečo pre seba a vždy je to skvelé miesto, kde sa dajú nájsť výhodné ponuky oblečenia, topánok a doplnkov. Svoju nákupnú cestu **zvyčajne** začínam prechádzkou cez hlavný **vchod** nákupného centra. Odtiaľ najprv zamierim do svojich obľúbených obchodov. Po prezretí týchto obchodov sa prejdem po okolí a zistím, či na iných miestach neprebiehajú nejaké výpredaje. V nákupnom centre zvyčajne strávim niekoľko hodín, kým konečne nakúpim. Pri nakupovaní si vždy rád dávam načas, **pretože** sa chcem uistiť, že si kúpim **presne** to, čo chcem. Navyše je to tak zábavnejšie!

Pozorovanie ľudí v nákupnom centre ma vždy **fascinuje.** Podľa toho, ako človek nakupuje, sa dá o ňom veľa zistiť. Niektorí ľudia sú veľmi metodickí a nikam sa neponáhľajú, zatiaľ čo iní sa zdajú, že len berú, **čo sa** dá, a čo najrýchlejšie smerujú k pokladni. Sú aj takí nakupujúci, ktorí sa viac zaujímajú o rozprávanie cez mobil alebo písanie SMS správ, ako o to, aby si skutočne pozreli nejaký tovar! Bez ohľadu na to, aký typ nakupujúceho ste, sa zdá, že každý si užíva nakupovanie vo výkladoch - aj keď si v skutočnosti

Fare shopping

Mi piace andare **a fare shopping al** centro commerciale. È sempre molto divertente passeggiare e guardare tutti i diversi negozi. Al centro commerciale ce n'è per tutti i gusti ed è sempre un ottimo posto per trovare offerte su vestiti, scarpe e accessori. **Di solito** inizio il mio shopping attraversando l'**ingresso** principale del centro commerciale. Da lì, mi dirigo prima verso i miei negozi preferiti. Dopo aver dato un'occhiata a quei negozi, vado in giro a vedere se ci sono saldi in corso in altri posti. Di solito trascorro un paio d'ore nel centro commerciale prima di fare i miei acquisti. Mi piace sempre prendermi il tempo necessario per fare shopping**, perché** voglio essere sicura di acquistare **esattamente** ciò che voglio. In più, così è più divertente!

Trovo sempre molto **affascinante** osservare le persone mentre sono al centro commerciale. Si può capire molto di una persona dal modo in cui fa acquisti. Alcune persone sono molto metodiche e si prendono il loro tempo, mentre altre sembrano prendere **tutto quello che** possono e dirigersi alla cassa il più velocemente possibile. Ci sono anche quelli che sembrano più interessati a parlare al cellulare o a mandare messaggi piuttosto che guardare la merce! A prescindere dal tipo

nič nekúpite. Pohľad na všetky tie pekné veci vo **výkladoch** obchodov ma jednoducho baví. Niekedy si predstavujem, aké by to bolo, keby som si mohla dovoliť **všetko, čo** vidím! Celkovo je deň strávený nakupovaním v obchodnom centre jednou z mojich najobľúbenejších zábav. Je to skvelý spôsob, ako si oddýchnuť a zrelaxovať a zároveň si trochu zacvičiť (ak sa dostatočne prejdete). Navyše je **vždy** príjemné dopriať si z času na čas nové tričko alebo pár topánok!

Mala som **dlhý** deň v práci a konečne som mala čas pre seba, tak som sa rozhodla ísť nakupovať do obchodného centra. Potrebovala som nejaké nové oblečenie na **nadchádzajúcu** sezónu. Hneď ako som vošla, uvidela som všetky tie jasné svetlá a lesklé výklady. Najskôr som zamierila do svojho obľúbeného obchodu a začala som si prezerať regály. Našla som niekoľko pekných topov a vyskúšala som si ich v šatni. Keď som sa na seba pozerala do zrkadla, počula som, ako niekto vchádza do vedľajšej šatne. V hlase som spoznala jedného zo svojich kolegov. Pozdravili sme sa a začali sme sa rozprávať o práci. Po niekoľkých minútach sme obaja skončili a išli sme **každý svojou** cestou, ale neskôr sme na seba opäť narazili. Pokračovali sme v rozhovore a uvedomili sme si, že máme viac spoločného, ako sme si mysleli.

di acquirente, però, sembra che a tutti piaccia guardare le vetrine, anche se non si compra nulla. C'è qualcosa che mi rende felice nel guardare tutte le belle cose nelle **vetrine** dei negozi. A volte fantastico su come sarebbe se potessi permettermi **tutto quello che** vedo! Tutto sommato, trascorrere una giornata di shopping al centro commerciale è uno dei miei passatempi preferiti. È un ottimo modo per rilassarsi e distendersi, facendo anche un po' di esercizio fisico (se si cammina abbastanza). Inoltre, è **sempre** bello concedersi una camicia o un paio di scarpe nuove ogni tanto!

Ho avuto una **lunga** giornata di lavoro e finalmente avevo un po' di tempo per me, così ho deciso di andare a fare shopping al centro commerciale. Mi servivano dei vestiti nuovi per la **prossima** stagione. Appena sono entrata, ho visto tutte le luci e le vetrine scintillanti. Mi sono diretta prima al mio negozio preferito e ho iniziato a sfogliare gli scaffali. Ho trovato alcuni top carini e li ho provati nel camerino. Mentre mi guardavo allo specchio, sentii qualcuno entrare nel **camerino** accanto al mio. Ho riconosciuto la sua voce come quella di una mia collega. Ci siamo salutati e abbiamo iniziato a chiacchierare di lavoro. Dopo qualche minuto, entrambi abbiamo finito e siamo andati per la **nostra** strada, ma ci siamo incontrati di nuovo più tardi. Abbiamo continuato a chiacchierare e ci siamo resi conto di avere in comune più di quanto pensassimo.

Otázky na porozumenie

1. Kde najradšej skladujete?

2. Aký je váš obľúbený obchod v nákupnom centre?

3. Ako dlho sa zvyčajne zdržiavate v nákupnom centre?

4. Čo si myslíte o ľuďoch, ktorí trávia veľa času v nákupnom centre?

5. Čo najradšej robíte v nákupnom centre?

6. Kúpili ste si niekedy niečo v obchodnom centre, aj keď ste to v skutočnosti nepotrebovali?

7. Ako reagujete, keď v nákupnom centre vidíte niečo, čo by sa vám veľmi páčilo, ale je to príliš drahé?

8. Videli ste niekedy niečo v obchodnom centre a premýšľali ste, kto by si to kúpil?

9. Aký je váš názor na ľudí, ktorí sa v nákupnom centre namiesto toho, aby si prezreli obchody, venujú mobilným telefónom?

Domande di comprensione

1. Dove vi piace di più conservare?

2. Qual è il vostro negozio preferito nel centro commerciale?

3. Quanto tempo si ferma di solito al centro commerciale?

4. Cosa pensa delle persone che trascorrono molto tempo al centro commerciale?

5. Qual è la cosa che preferite fare al centro commerciale?

6. Avete mai comprato qualcosa al centro commerciale quando non ne avevate davvero bisogno?

7. Come reagite quando al centro commerciale vedete qualcosa che vi piacerebbe molto, ma che costa troppo?

8. Avete mai visto qualcosa al centro commerciale e vi siete chiesti chi lo avrebbe comprato?

9. Qual è la sua opinione sulle persone che al centro commerciale sono impegnate con il cellulare invece di guardare i negozi?

Na trhu

V sobotu ráno vstávam skoro a túžim sa dostať na **trh** skôr, ako bude príliš veľa ľudí. Obliekam sa a vyrážam von, cestou si beriem tašky na opakované použitie. Počas chôdze začínam plánovať, čo chcem pripraviť na celý týždeň. Viem, že chcem aspoň raz **opiecť** zeleninu, takže budem musieť kúpiť nejakú kvalitnú zeleninu. Chcem tiež pripraviť polievku alebo guláš, takže budem musieť kúpiť aj nejaké mäso. Musím sa pozrieť, čo vyzerá dobre, keď tam prídem. Trh je len pár blokov odtiaľto a už vidím rozostavané stánky a mávajúcich **ľudí.**

Prídem na trh a zamierim rovno k stánku so zeleninou. Výber je nádherný a ja si plním tašky rôznymi **čerstvými** produktmi. Chvíľu sa rozprávam s farmárom a on mi odporučí niekoľko receptov. Teším sa, že ich vyskúšam. Počas nakupovania sa rozprávam s **farmármi, spoznávam** ich a ich produkty. Keď mám všetku zeleninu, ktorú potrebujem, prejdem do oddelenia mäsa. Tu trochu váham, pretože si nie som istý, čo chcem kúpiť. Nakoniec sa rozhodnem pre kuracie mäso, pretože je univerzálne a dá sa použiť do rôznych jedál. Kúpim tiež niekoľko rôznych kusov mäsa, pričom dbám na to, aby som si kúpil hovädzie mäso kŕmené trávou a **kurča z** voľného chovu. Mäsiar bol

Al mercato

Mi sveglio presto il sabato mattina, desiderosa di andare al **mercato** prima che sia troppo affollato. Mi infilo i vestiti e mi avvio verso la porta, prendendo le mie borse riutilizzabili. Mentre cammino, inizio a pianificare quello che voglio fare per la settimana a venire. So che voglio **arrostire le** verdure almeno una volta, quindi dovrò comprare delle verdure di buona qualità. Voglio anche fare una zuppa o uno stufato, quindi dovrò comprare anche della carne. Dovrò vedere cosa c'è di buono quando arriverò lì. Il mercato è a pochi isolati di distanza e vedo già le bancarelle allestite e la **gente** che vi si aggira.

Arrivo al mercato e mi dirigo subito verso il banco delle verdure. La scelta è bellissima e riempio le mie borse con una grande varietà di prodotti **freschi**. Parlo un po' con il contadino e mi consiglia alcune ricette. Non vedo l'ora di provarle. Mentre faccio la spesa, chiacchiero con i **contadini** per conoscere meglio loro e i loro prodotti. Dopo aver preso tutte le verdure che mi servono, passo al reparto carne. Qui sono un po' più titubante, perché non sono sicuro di quello che voglio prendere. Alla fine scelgo il pollo, perché è versatile e può essere utilizzato in diversi piatti. Compro anche alcuni tagli di carne diversi, assicurandomi di prendere

priateľský muž, vždy veselý napriek dlhým pracovným hodinám. Zabalil mi kuracie prsia a steak a potom sa so mnou rozprával o svojich víkendových plánoch. Rozlúčil som sa s ním a pokračoval v ceste. Z mliečneho oddelenia som si vzal aj vajíčka a syr.

Na trhu sa to hemžilo ľuďmi, ktorí túžili dostať sa **k** čerstvým produktom a mäsu, ktoré sa tu ponúkali. Vzduch bol zahustený vôňou cesnaku a cibule, ozýval sa smiech a rozhovory. Predierala som sa davom a vyberala som si ďalšie veci, ktoré som potrebovala na svoj týždenný nákup. Naplnila som **košík** ovocím a zeleninou, cestovinami a chlebom a potom som zamierila k pokladni. Rad bol dlhý, ale rýchlo sa posúval. Nakoniec som nakúpila posledné **potraviny** a bol čas ísť domov. Auto bolo naložené a cesta domov bola dlhá a únavná. Doprava bola hustá a horúčava ťaživá. Konečne auto vrazilo na príjazdovú cestu a úľava bola citeľná. V dome bol chládok a ticho a po ruchu trhu to bolo útočisko. Všetko bolo odložené a v dome sa čoskoro opäť rozhostil obvyklý pokoj a ticho. Mala som všetko, čo som potrebovala na prípravu **chutných** jedál pre seba a pre svoju rodinu. Bolo dobré byť doma.

carne di manzo nutrita con erba e **pollo** allevato all'aperto. Il macellaio era un uomo cordiale, sempre allegro nonostante le lunghe ore di lavoro. Mi ha incartato i petti di pollo e la bistecca prima di parlarmi dei suoi programmi per il fine settimana. Lo salutai e proseguii per la mia strada. Ho preso anche delle uova e del formaggio dal reparto latticini.

Il mercato era pieno di gente, tutti desiderosi di mettere le **mani sui** prodotti freschi e sulla carne che venivano offerti. Nell'aria si sentiva l'odore dell'aglio e delle cipolle, e il suono delle risate e delle conversazioni riempiva l'aria. Mi feci strada tra la folla, scegliendo gli altri articoli necessari per la mia spesa settimanale. Riempii il mio **cestino** di frutta e verdura, pasta e pane, prima di dirigermi alla cassa. La fila era lunga, ma si snodava rapidamente. Finalmente gli ultimi acquisti furono fatti ed era ora di tornare a casa. L'auto fu caricata e il viaggio verso casa fu lungo e noioso. Il traffico era intenso e il caldo opprimente. Alla fine l'auto entrò nel vialetto e il sollievo fu palpabile. La casa era fresca e silenziosa ed era un rifugio dopo il **trambusto** del mercato. Tutto fu messo a posto e la casa tornò presto alla sua solita pace e tranquillità. Avevo tutto il necessario per preparare dei piatti **deliziosi** per me e per la mia famiglia. Era bello essere a casa.

Otázky na porozumenie

1. Kam ide osoba?

2. Čo chce osoba kúpiť?

3. Koľko tašiek má daná osoba?

4. Ako ďaleko je trh?

5. Čo práve robí táto osoba?

6. Čo všetko je na trhu?

7. Koľko ľudí je na trhu?

8. Ako dlho trvalo, kým si človek všetko kúpil?

9. Ako sa osoba vrátila domov?

10. Čo urobil, keď prišiel domov?

Domande di comprensione

1. Dove sta andando la persona?

2. Cosa vuole comprare la persona?

3. Quante borse ha la persona?

4. Quanto è lontano il mercato?

5. Cosa sta facendo la persona in questo momento?

6. Che cos'è il mercato?

7. Quante persone ci sono nel mercato?

8. Quanto tempo ha impiegato la persona a comprare tutto?

9. Come è tornata a casa la persona?

10. Cosa ha fatto la persona quando è tornata a casa?

V kaviarni

Bolo chladné **jesenné** ráno a ja som si dohodla stretnutie s kamarátkou Lily v našej obľúbenej kaviarni na kávu. Zabalila som sa do teplého kabáta a šálu a vyrazila som. Zo stromov opadávalo lístie a vzduch bol sychravý, ale svietilo slnko a sľubovalo krásny deň. Počas chôdze som **premýšľala** o tom, aké je dobré mať takú kamarátku, ako je Lily. Priatelili sme sa už roky, odkedy sme sa stretli na **univerzite**. Spájala nás láska ku káve a trávenie času rozprávaním sa v kaviarňach. Aj keď sme teraz bývali v rôznych častiach mesta, stále sme sa raz do týždňa stretávali na káve. Prišla som do kaviarne a Lily tam už na mňa čakala. Objali sme sa na pozdrav a potom sme si objednali kávu. Našli sme si stôl pri okne a usadili sa, aby sme sa porozprávali. **Káva** bola ako vždy výborná a bolo príjemné stretnúť sa s Lily. Rozprávali sme sa o našom týždni, práci a plánoch do budúcnosti. S Lily sa mi vždy hovorilo tak ľahko a mala som pocit, že jej môžem povedať čokoľvek. Po chvíli sme začali byť hladné a **rozhodli sme sa** objednať si nejaké jedlo.

Objednali sme si jedlo a našli si miesto pri okne. Cez okno svietilo slnko a všetko bolo teplé a veselé. Rozprávali sme sa pri jedle a užívali si jednoduchú radosť zo vzájomnej **spoločnosti**. V kaviarni bolo

In un caffè

Era una fredda mattina **d'autunno** e avevo fissato un appuntamento con la mia amica Lily al nostro bar preferito per un caffè. Mi avvolsi al caldo nel cappotto e nella sciarpa e mi avviai. Le foglie cadevano dagli alberi e l'aria era pungente, ma il sole splendeva e prometteva di essere una bella giornata. Mentre camminavo, **pensavo** a quanto fosse bello avere un'amica come Lily. Eravamo amiche da anni, da quando ci eravamo conosciute all'**università**. Avevamo legato per il nostro amore per il caffè e per il tempo trascorso a chiacchierare nei bar. Anche se ora vivevamo in zone diverse della città, riuscivamo comunque a vederci per un caffè una volta alla settimana. Arrivai al caffè e Lily era già lì ad aspettarmi. Ci salutammo con un abbraccio e poi ordinammo i nostri caffè. Trovammo un tavolo vicino alla finestra e ci sedemmo a chiacchierare. Il **caffè** era delizioso, come sempre, ed è stato così bello recuperare il tempo perduto con Lily. Parlammo della nostra settimana, dei nostri lavori e dei nostri progetti per il futuro. Era sempre così facile parlare con Lily e mi sembrava di poterle dire tutto. Dopo un po' cominciammo ad avere fame e **decidemmo** di ordinare qualcosa da mangiare.

Ordinammo il cibo e trovammo posto vicino alla

rušno, ale necítili sme sa preplnení. Vo vzduchu bol cítiť pokoj a spokojnosť. Keď sme dojedli, ešte chvíľu sme sedeli a vychutnávali si pokojnú **atmosféru**. Chvíľu sme sa rozprávali o rôznych veciach, ktoré sa diali v našich životoch. Bolo veľmi príjemné dohovoriť sa s priateľom a len tak **si oddýchnuť**. Cez okno svietilo slnko a zdalo sa, že **nič nemôže** pokaziť náš dokonalý deň.

Zrazu som počul hlasnú ranu. Otočil som sa a uvidel som, že nejaký muž prepadol cez strop a leží na podlahe pred nami. Bol **pokrytý** prachom a troskami a vyzeral byť v bezvedomí. Obaja s priateľom sme boli v šoku, keď sme sa pozerali na muža ležiaceho na podlahe. Nevedeli sme, čo máme robiť alebo koho zavolať na pomoc. Len sme tam sedeli a pozerali na neho, nevediac, čo robiť. Po niekoľkých minútach som sa spamätala a zavolala som záchranku. Operátor mi povedal, že čoskoro tam niekto bude. Položila som telefón a povedala som priateľovi, čo mi povedal **operátor.** Obaja sme tam len sedeli a čakali na pomoc. Zdalo sa mi to ako večnosť, ale nakoniec **sa objavi**la sanitka. Záchranári vbehli dnu a začali pracovať na mužovi. Rýchlo zistili, že je zranený a treba ho odviezť do **nemocnice**.

finestra. Il sole entrava dalla finestra, rendendo tutto più caldo e felice. Chiacchierammo mentre mangiavamo, godendoci il semplice piacere di stare in **compagnia**. Il caffè era affollato, ma non sembrava affollato. C'era una sensazione di pace e soddisfazione nell'aria. Finito il cibo, ci sedemmo ancora per un po', godendoci l'**atmosfera** tranquilla. Abbiamo parlato per un po' di cose diverse che stavano accadendo nelle nostre vite. È stato così bello recuperare il tempo perduto con la mia amica e **rilassarsi**. Il sole splendeva attraverso la finestra e sembrava che **nulla** potesse rovinare la nostra giornata perfetta.

All'improvviso sentii un forte schianto. Mi girai e vidi che un uomo era caduto dal soffitto e giaceva sul pavimento di fronte a noi. Era **coperto** di polvere e detriti e sembrava privo di sensi. Io e il mio amico eravamo entrambi sotto shock mentre fissavamo l'uomo steso sul pavimento. Non sapevamo cosa fare o chi chiamare aiuto. Rimanemmo lì a fissarlo, senza sapere cosa fare. Dopo qualche minuto mi sono ripreso e ho chiamato il 911. L'operatore mi disse che qualcuno sarebbe arrivato presto. Riattaccai il telefono e raccontai al mio amico quello che mi aveva detto l'**operatore**. Rimanemmo entrambe sedute ad aspettare l'arrivo dei soccorsi. Sembrava un'eternità, ma alla fine **arrivò** un'ambulanza. I paramedici si precipitarono e iniziarono a lavorare sull'uomo. Hanno subito stabilito che era ferito e che doveva essere portato in **ospedale**.

Otázky na porozumenie

1. Odkiaľ pochádza muž, ktorý padá cez strechu?

2. Prečo je žena so svojím priateľom v kaviarni?

3. Aká je obľúbená kaviareň týchto dvoch priateľov?

4. Ako dlho sa títo dvaja priatelia poznajú?

5. Aký je obľúbený nápoj týchto dvoch priateľov?

6. V ktorom meste žijú títo dvaja priatelia?

7. Ako často sa títo dvaja priatelia stretávajú?

8. O čom sa títo dvaja priatelia rozprávajú, keď sa prvýkrát stretnú vo svojej obľúbenej kaviarni?

9. Aké je obľúbené jedlo týchto dvoch priateľov?

10. Prečo je také ľahké hovoriť s Lily?

Domande di comprensione

1. Da dove viene l'uomo che cade dal tetto?

2. Perché la donna è con la sua amica nel caffè?

3. Qual è il caffè preferito dai due amici?

4. Da quanto tempo i due amici si conoscono?

5. Qual è la bevanda preferita dai due amici?

6. In quale città vivono i due amici?

7. Quanto spesso si incontrano i due amici?

8. Di cosa parlano i due amici quando si incontrano per la prima volta nel loro caffè preferito?

9. Qual è il cibo preferito dai due amici?

10. Perché è così facile parlare con Lily?

Plavanie

Bazén bol vždy **osviežujúcim** miestom a dnes to nebolo inak. Slnko svietilo a voda vyzerala lákavo. Zhlboka som sa nadýchla a ponorila sa do vody, aby som pocítila jej chladivú náruč. Chvíľu som plávala kolá, tešila som sa z pohybu a možnosti vyčistiť si hlavu. Po chvíli som vyšla von, osušila sa a sadla si na uterák, aby som si oddýchla na slnku. Zavrela som oči a nechala sa oblievať **teplom,** cítila som, ako sa mi uvoľňujú svaly. Zrazu som počula špliechanie a otvorila som oči, aby som videla svoju malú sestru, ako **pádluje na** plytčine. Usmiala som sa a chvíľu som ju pozorovala, potom som vstala a išla k nej. Chvíľu sme sa rozprávali, pádlovali sme spolu a užívali si spoločnosť toho druhého. Čoskoro sa k nám pridali rodičia a zvyšok popoludnia sme strávili spoločným plávaním a hraním hier. Bolo vždy veľmi príjemné tráviť čas s rodinou v bazéne. Zdá sa, že pobyt vo vode ľudí spája. Možno je to preto, že keď sme vo vode, sme si všetci rovní - nemôžeme skrývať svoje nedostatky ani predstierať, že sme niekým iným. Alebo je to možno len preto, že je to zábava! **Nech už je** dôvod **akýkoľvek, bol som** jednoducho rád, že sme sa mohli všetci stretnúť a užiť si vzájomnú spoločnosť na takomto výnimočnom mieste.

Andare a nuotare

La piscina era sempre un luogo **rinfrescante** e oggi non era diverso. Il sole splendeva e l'acqua sembrava invitante. Feci un respiro profondo e mi tuffai, sentendo il fresco abbraccio dell'acqua. Nuotai per un po', godendomi l'esercizio e la possibilità di schiarirmi le idee. Dopo un po' uscii e mi asciugai, poi mi sedetti su un asciugamano per rilassarmi al sole. Chiusi gli occhi e lasciai che il **calore** mi avvolgesse, sentendo i miei muscoli iniziare a rilassarsi. All'improvviso sentii uno spruzzo e aprii gli occhi per vedere la mia sorellina **che sguazzava** nel basso fondale. Sorrisi e la osservai per un po', poi mi alzai e mi avvicinai a lei. Chiacchierammo per un po' e pagaiarono insieme, godendo della reciproca compagnia. Presto i nostri genitori ci raggiunsero e passammo il resto del pomeriggio nuotando e giocando insieme. Era sempre così bello passare del tempo con la famiglia in piscina. C'è **qualcosa** nello stare in acqua che sembra unire le persone. Forse perché quando siamo in acqua siamo tutti uguali, non possiamo nascondere i nostri difetti o fingere di essere ciò che non siamo. O forse è solo perché è divertente! **Qualunque sia** la ragione, mi ha fatto piacere che ci siamo riuniti tutti insieme e che ci siamo goduti la reciproca compagnia in un luogo così speciale.

Slnko ma pálilo do kože a vo vzduchu bol cítiť zápach chlóru. Počula som zvuky smiechu detí, ktoré sa špliechali v bazéne. Ležala som na lehátku vedľa bazéna, opaľovala sa a **užívala si** deň. Mala som zavreté oči a práve som sa chystala zaspať, keď som počula, ako ku mne niekto kráča. Otvorila som oči a uvidela som, že vedľa mňa stojí žena. Mala na sebe bikiny a okolo pása mala omotaný uterák. Mala dlhé blond vlasy a modré oči. V ruke držala fľaštičku s **opaľovacím krémom.** “Nebude ti vadiť, keď ti natriem chrbát opaľovacím krémom?” spýtala sa ma. “Nie, to je v poriadku,” povedala som a posadila som sa, aby mi dosiahla na chrbát. Cítila som jej ruky na svojej pokožke, keď mi naniesla opaľovací krém.

Jej dotyk bol jemný a vôňa opaľovacieho krému upokojujúca. Znova som zavrel oči a nechal sa uvoľniť. Počula som, **ako** sa pohybuje, ale oči som neotvorila. Spokojne som len ležal na slnku a počúval zvuk vĺn **narážajúcich na** breh. Po niekoľkých minútach odišla a ja som otvoril oči. Sledoval som ju, ako sa vrátila k lehátku a vzala si knihu. Usadila sa do kresla a začala čítať. Opäť som zavrel oči a nechal sa unášať spánkom. **Zdalo sa** mi**,** že plávam v bazéne a robím kolá tam a späť. Voda bola osviežujúca a chladila ma na pokožke.

Il sole batteva sulla mia pelle e l'odore di cloro era nell'aria. Sentivo il rumore dei bambini che ridevano e sguazzavano nella piscina. Ero sdraiata su una sedia a **sdraio** accanto alla piscina, a prendere il sole e a **godermi la** giornata. Avevo gli occhi chiusi e stavo per addormentarmi quando sentii qualcuno avvicinarsi a me. Aprii gli occhi e vidi una donna in piedi accanto a me. Indossava un bikini e aveva un asciugamano avvolto intorno alla vita. Aveva lunghi capelli biondi e occhi azzurri. Aveva in mano un flacone di **crema solare**. "Ti dispiace se ti metto un po' di crema solare sulla schiena?", mi chiese. "No, va bene", risposi, sedendomi in modo che potesse raggiungermi la schiena. Sentii le sue mani sulla mia pelle mentre applicava la crema solare.

Il suo tocco era delicato e il profumo della crema solare era rilassante. Chiusi di nuovo gli occhi e mi rilassai. Sentivo il **rumore** dei suoi movimenti, ma non aprii gli occhi. Mi accontentai di stare sdraiato al sole, ascoltando il rumore delle onde **che si infrangevano** sulla riva. Dopo qualche minuto si allontanò e io aprii gli occhi. La guardai mentre tornava alla sua poltrona e prendeva il suo libro. Si sistemò sulla sedia e iniziò a leggere. Chiusi di nuovo gli occhi e mi lasciai andare al sonno. **Sognai** che stavo nuotando in piscina, facendo dei giri avanti e indietro. L'acqua era rinfrescante e fresca sulla mia pelle.

Otázky na porozumenie

1. Kde sa rozprávač nachádzal na začiatku príbehu?

2. Čo cíti rozprávač, keď otvorí oči?

3. Čo počuje rozprávač, keď otvorí oči?

4. Čí opaľovací krém dá žena rozprávačovi?

5. O čom rozprávač sníva?

6. Prečo je kúpanie v mori pre rozprávača také zvláštne?

7.Aký je pocit z vody, v ktorej rozprávač pláva?

8. Čo vidí rozprávač, keď vyjde z vody?

9. Čo urobí žena po tom, ako namaže rozprávača opaľovacím krémom?

Domande di comprensione

1. Dove si trovava il narratore quando ha iniziato la storia?

2. Che odore sente il narratore quando apre gli occhi?

3. Cosa sente il narratore quando apre gli occhi?

4. Di chi è la crema solare che la donna dà al narratore?

5. Che cosa sogna il narratore?

6. Perché il bagno in mare è così speciale per il narratore?

7.Come si sente l'acqua in cui nuota il narratore?

8. Cosa vede il narratore quando esce dall'acqua?

9. Cosa fa la donna dopo aver messo la crema solare al narratore?

Kosenie trávnika

Je 10 hodín ráno v letnú **sobotu** a slnko už nemilosrdne páli. Vydáte sa do garáže pre kosačku a máte pocit, že ste **odsúdení na** ťažkú prácu. Začnete kosiť trávnik a dávate pozor, aby ste išli pekne pomaly, aby ste nevynechali žiadne miesto. Počas kosenia premýšľate o tom, aký je to dobrý pocit byť vonku na čerstvom vzduchu. Keď začnete tlačiť kosačku sem a tam po trávniku, kútikom **oka zbadáte** suseda. Zamávate mu a pozdravíte a on vám zamáva späť.

Po niekoľkých minútach ste hotoví a idete k susedovi na pivo do záhrady. Je **perfektný** deň - nie je príliš horúco, fúka jemný vánok. Sedíte v tieni stromu, popíjate pivo a rozprávate sa so susedom. Práve vďaka takýmto dňom si vážite leto. Potom **sa vyberiete** dovnútra na zaslúžené pivo. Rozvalíte sa na stoličke na verande, otvoríte plechovku a spokojne si povzdychnete. Zvuk kosačky ustupuje do pozadia, zatiaľ čo vy relaxujete v tieni a užívate si **pokoj** tejto chvíle. Pivo chutí mimoriadne dobre po všetkej tej ťažkej práci v horúčave. Chystal som sa ísť dovnútra, keď som počul hluk vedľa.

Znelo to, akoby niekto plakal. Prestal som kosiť a prešiel som k plotu, ktorý oddeľoval naše dvory.

Tagliare il prato

Sono le 10 del mattino di un **sabato** estivo e il sole picchia già senza pietà. Si va in garage a prendere il tosaerba, con la sensazione di essere **condannati** ai lavori forzati. Iniziate a tagliare il prato, facendo attenzione ad andare piano per non perdere nessun punto. Mentre si taglia, si pensa a quanto sia bello stare all'aria aperta. Mentre iniziate a spingere il tosaerba avanti e indietro per il prato, con la coda dell'**occhio** vedete il vostro vicino. Lo salutate con la mano e lui ricambia.

Dopo qualche minuto, avete finito e vi recate a casa del vostro vicino per bere una birra con lui nel giardino davanti a casa. È una giornata **perfetta**: non fa troppo caldo e soffia una leggera brezza. Ci si siede all'ombra dell'albero, sorseggiando la birra e chiacchierando con il vicino. Sono giornate come questa che fanno apprezzare l'estate. Poi si **entra** in casa per una meritata birra. Ci si sdraia su una sedia del portico e si apre la lattina, tirando un sospiro soddisfatto. Il rumore del tosaerba passa in secondo piano mentre vi rilassate all'ombra, godendovi la **tranquillità del** momento. La birra ha un sapore ancora più buono dopo tutto quel duro lavoro al caldo. Stavo per rientrare in casa quando ho sentito un rumore nella stanza accanto.

Nakukol som tam a uvidel som susedu, pani Johnsonovú, ako plače na hojdačke na verande. Zavolal som na ňu, ale nepočula ma. Preliezol som cez plot a prešiel som k nej. “Pani Johnsonová, ste v poriadku?” Spýtala som sa jej. Pozrela na mňa so slzami v očiach a pokrútila hlavou. “Nie, nie som v poriadku,” povedala. “Včera mi zomrela mačka.” Bola som šokovaná. Nevedel som, čo mám povedať. Len som tam rozpačito stála a nevedela, čo mám robiť. Nakoniec som jej položil ruku na **plece** a povedal som: “Je mi to veľmi ľúto, pani Johnsonová. Ak vám môžem nejako pomôcť, dajte mi prosím vedieť. “ Pokrútila hlavou a povedala: “Nie, nikto **nemôže nič** urobiť.” Potom vstala a vošla do svojho domu. Chvíľu som tam stála a nevedela, čo mám robiť. Potom som sa vrátil ku koseniu trávnika. Keď som skončil, nemohol som si pomôcť, ale myslel som na pani Johnsonovú a jej mačku.

Sembrava che qualcuno stesse piangendo. Smisi di falciare e mi avvicinai alla recinzione che separava i nostri cortili. Mi affacciai e vidi la mia vicina, la signora Johnson, che piangeva sul dondolo del suo portico. La chiamai, ma non mi sentì. Scavalcai la recinzione e mi avvicinai a lei. "Signora Johnson, sta bene?". Le chiesi. Lei mi guardò con le lacrime agli occhi e scosse la testa. "No, non sto bene", disse. "Ieri è morto il mio gatto". Ero scioccato. Non sapevo cosa dire. Rimasi lì impacciato, senza sapere cosa fare. Alla fine le misi una mano sulla **spalla** e dissi: "Mi dispiace molto, signora Johnson. Se posso fare qualcosa per aiutarla, me lo faccia sapere". "Lei scosse la testa e disse: "No, nessuno può fare **niente**". Poi si alzò ed entrò in casa sua. Rimasi lì per un momento, senza sapere cosa fare. Poi tornai a tagliare il prato. Mentre finivo, non potei fare a meno di pensare alla signora Johnson e al suo gatto.

Otázky na porozumenie

1. Koľko je hodín?

2. Kde kosí osoba?

3. Ako sa osoba cíti?

4. Prečo musí človek kosiť pomaly?

5. Aké je počasie?

6. Čo robí osoba po kosení?

7. Čo počuje človek pred odchodom domov?

8. Kto je s pani Johnsonovou?

9. Prečo pani Johnsonová plače?

10. Čo hovorí táto osoba pani Johnsonovej?

Domande di comprensione

1. Che ora è?

2. Dove si trova la persona che sta falciando?

3. Come si sente la persona?

4. Perché la persona deve falciare lentamente?

5. Che tempo fa?

6. Cosa fa la persona dopo la falciatura?

7. Cosa sente la persona prima di tornare a casa?

8. Chi è con la signora Johnson?

9. Perché la signora Johnson piange?

10. Cosa dice la persona alla signora Johnson?

Strihanie vlasov

Už niekoľko týždňov som sa chcela dať ostrihať, ale vždy sa mi to podarilo odložiť. Ale keďže **Vianoce boli** za rohom, vedela som, že to už nemôžem ďalej odkladať. Nechcela som prísť na vianočnú večeru k rodine a vyzerať ako zanedbaná. Preto som sa skoro ráno na Vianoce vybrala do salónu. Hoci bolo skoro, v salóne už bolo veľa ľudí, ktorí **si nechávali** robiť vlasy na sviatky. Postavila som sa do radu a čakala, kým na mňa príde rad. Nakoniec som sa dostala na rad ja. Kaderníčka, priateľská žena menom Jill, sa ma spýtala, čo chcem. "Len zastrihnúť, nič drastické," odpovedala som. Jill sa pustila do práce a strihala mi vlasy. Ako pracovala, začala som sa uvoľňovať. Bol to dobrý pocit, že sa o seba konečne starám. V poslednom čase som bola taká zaneprázdnená starostlivosťou o všetkých ostatných, že som svoje vlastné potreby nechala bokom. Ale **teraz už** nie. Odteraz si budem na seba robiť čas.

Keď Jill skončila, pozrela som sa do zrkadla a bola som spokojná s tým, čo som videla. Moje vlasy vyzerali upravené a vyleštené - ideálne na sviatočné stretnutia. **Poďakovala** som Jill a v **duchu som si zapísala**, že sa sem budem vracať častejšie. Odteraz sa budem starať predovšetkým o seba. Pustila sa do strihania mojich

Tagliarsi i capelli

Erano settimane che volevo tagliarmi i capelli, ma in qualche modo riuscivo sempre a rimandare. Ma con il **Natale** alle porte, sapevo che non potevo più rimandare. Non volevo presentarmi alla cena di Natale della mia famiglia con un aspetto trasandato. Così, la mattina presto di Natale, mi sono recata al salone. Anche se era presto, il salone era già pieno di persone che **si facevano** fare i capelli per le feste. Presi posto nella fila e aspettai il mio turno. Finalmente arrivò il mio turno sulla poltrona. La parrucchiera, una donna gentile di nome Jill, mi chiese cosa volessi. "Solo una spuntatina, niente di troppo drastico", risposi. Jill si mise al lavoro, tagliando i miei capelli. Mentre lavorava, cominciai a rilassarmi. Mi sentivo bene a prendermi finalmente cura di me stessa. Ultimamente ero stata così occupata a correre in giro per prendermi cura di tutti gli altri, che avevo lasciato cadere in secondo piano i miei bisogni. Ma **ora** non **più**. D'ora in poi avrei trovato il tempo per me stessa.

Quando Jill ha finito, mi sono guardata allo specchio e sono rimasta soddisfatta di ciò che ho visto. I miei capelli avevano un aspetto ordinato e curato, perfetto per le feste. **Ringraziai** Jill e presi **nota** di tornare più spesso. D'ora in poi mi prenderò cura di me

vlasov. Myslela som na to, aká som vďačná, že som sa konečne dala ostrihať. Bol to dobrý pocit vedieť, že na vianočnú **večeru** budem vyzerať reprezentatívne. Už som sa nemusela obávať, že si ma rodina bude doberať kvôli môjmu "zanedbanému" vzhľadu. Po niekoľkých minútach mi kaderník dokončil úpravu vlasov a rýchlo mi ich vyfúkal. Pozrela som sa do zrkadla a bola som spokojná s tým, čo som videla - čisto ostrihaný vzhľad, ktorý bude perfektný na vianočnú večeru. Teraz, keď som mala strihanie za sebou, som sa mohla sústrediť na to, aby som si užila sviatky s rodinou. A za to som bola ešte vďačnejšia.

Bol to taký **oslobodzujúci** pocit a veľmi sa mi páčilo, ako môj nový účes vyzeral. Keď som zaplatila za strih, išla som domov a začala som sa baliť na cestu. **Nemohla som** sa dočkať, až svoj nový vzhľad ukážem rodine a priateľom. Vedela som, že budú prekvapení, keď ma uvidia. V deň môjho odletu som prišla na letisko s dostatočnou časovou rezervou. Bez problémov som prešla bezpečnostnou kontrolou a čoskoro som bola na ceste. Hneď ako som dorazil na miesto určenia, cítil som vo vzduchu vzrušenie. Vianoce boli určite vo vzduchu! Na letisku ma privítala moja rodina a všetci boli ohromení mojím novým účesom. Niekoľko nasledujúcich dní sme strávili **doháňaním restov** a užívaním si vzájomnej **spoločnosti**.

stessa prima di tutto. Si mise al lavoro per tagliare i miei capelli. Pensai a quanto fossi grata di essermi finalmente decisa a tagliarmi i capelli. Era bello sapere che sarei stata presentabile per la **cena** di Natale. Non avrei più dovuto preoccuparmi che la mia famiglia mi prendesse in giro per il mio aspetto "trasandato". Dopo qualche minuto, la parrucchiera finì di tagliarmi i capelli e mi diede una rapida asciugata. Mi guardai allo specchio e fui felice di ciò che vedevo: un look pulito che sarebbe stato perfetto per la cena di Natale. Ora che il taglio di capelli era stato superato, potevo concentrarmi sulle vacanze con la mia famiglia. Ed ero ancora più grata per questo.

Mi sentivo così **libera** e adoravo l'aspetto del mio nuovo taglio di capelli. Dopo aver pagato il taglio, sono tornata a casa e ho iniziato a fare i bagagli per il mio viaggio. **Non** vedevo l'ora di mostrare il mio nuovo look alla mia famiglia e ai miei amici. Sapevo che sarebbero rimasti sorpresi quando mi avrebbero visto. Il giorno del volo sono arrivata all'aeroporto con molto tempo a disposizione. Ho superato i controlli di sicurezza senza problemi e presto sono partita. Non appena arrivai a destinazione, sentii l'eccitazione nell'aria. Il Natale era decisamente nell'aria! La mia famiglia era lì ad accogliermi all'aeroporto ed erano tutti stupiti del mio nuovo taglio di capelli. Abbiamo trascorso i giorni successivi a **chiacchierare** e a goderci la reciproca **compagnia**.

Otázky na porozumenie

1. Čo musel hlavný hrdina urobiť pred Vianocami?

2. Ako sa hlavná hrdinka cítila, keď sa o seba starala?

3. Kto ostrihal hlavnému hrdinovi vlasy?

4. Prečo sa rodina hlavnej hrdinky chystala podpichovať ju?

5. Ako sa cítila hlavná hrdinka po ostrihaní?

6. Čo urobila hlavná hrdinka po ostrihaní vlasov?

7. Aká bola reakcia rodiny hlavnej hrdinky na jej účes?

8. Čo robil hlavný hrdina na Štedrý večer?

9. Čím bol zážitok hlavného hrdinu výnimočnejší?

10. Čo by sa stalo, keby sa hlavný hrdina nedal ostrihať?

Domande di comprensione

1. Che cosa doveva fare il protagonista prima di Natale?

2. Come si è sentita la protagonista nel prendersi cura di sé?

3. Chi ha tagliato i capelli al protagonista?

4. Perché la famiglia della protagonista la prendeva in giro?

5. Come si è sentita la protagonista dopo essersi tagliata i capelli?

6. Che cosa ha fatto la protagonista dopo essersi tagliata i capelli?

7. Qual è stata la reazione della famiglia della protagonista al suo taglio di capelli?

8. Che cosa ha fatto il protagonista la vigilia di Natale?

9. Cosa ha reso più speciale l'esperienza del protagonista?

10. Cosa succederebbe se il protagonista non si tagliasse i capelli?

Park

Slnko zapadalo a park bol prázdny. Sedela som na lavičke a čakala na svojho **priateľa**. Plánovali sme sa tu stretnúť už pred hodinou, ale ona vždy meškala. Práve keď som to chcela vzdať a ísť domov, uvidela som ju, ako ku mne beží. "Je mi to tak ľúto," vydýchla, keď došla k lavičke. "Môj vlak mal **meškanie.**" "To je v poriadku," povedala som **zhovievavo**. "Práve som sem prišiel." Chvíľu sme sedeli a rozprávali sa, pričom sme si navzájom rozprávali o našich životoch od nášho posledného stretnutia. Rozhovor plynul **ľahko a** mali sme pocit, že od nášho posledného stretnutia neuplynul vôbec žiadny čas. Keď zapadlo slnko, rozlúčili sme sa a išli sme každý svojou cestou. Nabudúce sme sa stretli v inom parku. Opäť meškala, ale mne to nevadilo. Bolo príjemné mať niekoho, s kým sa môžem porozprávať a kto mi **rozumie.** Rozprávali sme sa o svojich snoch a **túžbach, o** veciach, ktoré by sme chceli v živote urobiť. Ona mi povedala o svojich plánoch cestovať po svete a ja som sa podelil o svoj sen stať sa spisovateľom. Keď slnko zapadlo do ďalšieho dňa, opäť sme sa rozlúčili a sľúbili si, že tentoraz zostaneme v kontakte.

Prešli roky a naše **priateľstvo** zostalo silné, aj keď sme teraz žili v rôznych častiach krajiny. Udržiavali sme kontakt prostredníctvom listov a príležitostných

Il parco

Il sole stava tramontando e il parco era vuoto. Mi sedetti sulla panchina ad aspettare la mia **amica**. Avevamo programmato di incontrarci qui un'ora fa, ma lei era sempre in ritardo. Proprio quando stavo per arrendermi e tornare a casa, la vidi correre verso di me. "Mi dispiace tanto", ansimò quando raggiunse la panchina. "Il mio treno è **in ritardo**". "Non c'è problema", dissi **con indulgenza**. "Sono appena arrivato anch'io". Ci siamo seduti e abbiamo chiacchierato per un po', aggiornandoci sulle nostre vite dall'ultima volta che ci siamo visti. La conversazione è fluita **facilmente** e ci è sembrato che non fosse passato affatto del tempo dall'ultima volta che ci siamo visti. Al tramonto ci siamo salutati e abbiamo preso strade diverse. La volta successiva ci incontrammo in un altro parco. Anche in questo caso era in ritardo, ma non mi dispiaceva. Era bello avere qualcuno con cui parlare che mi **capisse**. Parlammo dei nostri sogni e delle nostre **aspirazioni**, delle cose che volevamo fare nella nostra vita. Lei mi parlò dei suoi progetti di viaggiare per il mondo e io le confidai il mio sogno di diventare scrittrice. Al tramonto di un altro giorno, ci siamo salutate ancora una volta, promettendo di tenerci in contatto questa volta.

Gli anni sono passati e la nostra **amicizia** è rimasta

telefonátov a navzájom sme sa delili o novinky z nášho života. Keď mi oznámila, že sa bude vydávať, **neprekvapilo** ma to - vždy bola **dobrodružný** typ. Ale keď ma požiadala, či by som jej nešla za družičku na svadobnom obrade, ktorý sa konal na druhom konci sveta od miesta, kde som žila... to ma muselo presvedčiť! Nakoniec som však nemohla dovoliť, aby sa moja najlepšia priateľka vydávala bez toho, aby som bola po jej boku, a tak som napriek svojim obavám (a po jej veľkom prosení!) **súhlasila, že** pôjdem s ňou, čo sa ukázalo byť **dobrodružstvom jej** života.

Konečne prišiel deň **svadby.** Bola som nervózna, ale zároveň som sa tešila, že budem súčasťou takého dôležitého okamihu v živote môjho priateľa. Obrad bol krásny a ona vyzerala šťastná, keď si povedala svoj sľub. **Potom** sme to oslávili veľkou párty - vyzeralo to, akoby s ňou prišli oslavovať všetci jej známi! Bol to **čarovný** deň, na ktorý nikdy nezabudnem, a naše priateľstvo sa po tomto dobrodružstve len posilnilo. Teraz, po rokoch, sme stále v kontakte. Od nášho prvého stretnutia sme **sa** obe veľmi **zmenili,** ale naše priateľstvo je silné ako vždy. Vždy, keď sa stretneme - či už v parku, alebo na **druhom konci sveta -, máme** pocit, akoby vôbec neuplynul čas.

forte, anche se ora viviamo in zone diverse del Paese. Ci siamo tenute in contatto tramite lettere e telefonate occasionali, condividendo le notizie della nostra vita. Quando annunciò che si sarebbe sposata, non ne fui **sorpreso**: era sempre stata un tipo **avventuroso**. Ma quando mi ha chiesto di farle da damigella d'onore alla cerimonia di matrimonio che si sarebbe svolta a metà strada dal luogo in cui vivevo... c'è voluto un po' per convincerla! Alla fine, però, non potevo permettere che la mia migliore amica si sposasse senza di me al suo fianco, così, nonostante le mie paure (e dopo molte suppliche da parte sua!), ho **accettato** di partecipare a quella che si è rivelata l'**avventura** di una vita.

Finalmente è arrivato il giorno del **matrimonio**. Ero nervosa, ma entusiasta di partecipare a un momento così importante della vita della mia amica. La cerimonia è stata bellissima e lei sembrava felice mentre pronunciava le sue promesse. **Dopo**, abbiamo festeggiato con una grande festa: sembrava che tutti i suoi conoscenti fossero venuti a festeggiare con lei! È stato un giorno **magico** che non dimenticherò mai, e la nostra amicizia si è rafforzata dopo quell'avventura. Ora, a distanza di anni, ci teniamo ancora in contatto. Siamo **cambiate** molto da quando ci siamo conosciute, ma la nostra amicizia è più forte che mai. Ogni volta che ci incontriamo, che sia in un parco o **dall'altra parte del** mondo, sembra che il tempo non sia mai passato.

Otázky na porozumenie

1. Kde sa autorka a jej priateľ prvýkrát stretli?

2. Prečo autorov priateľ prišiel na stretnutie neskoro?

3. O čom sa priatelia rozprávali, keď sa po rokoch opäť stretli?

4. Ako sa autorka cítila, keď sa zúčastnila na svadobnom obrade svojej priateľky?

5. Opíšte prostredie svadobného obradu.

6. Ako sa časom zmenilo priateľstvo medzi týmito dvoma ženami?

7. Čo je autorovým snom?

8. Kam plánuje autorov priateľ cestovať?

9. Prečo sa autorka zdráhala zúčastniť na svadobnom obrade svojej priateľky?

Domande di comprensione

1. Dove si sono incontrati per la prima volta l'autrice e la sua amica?

2. Perché l'amico dell'autore è arrivato in ritardo all'incontro?

3. Di che cosa hanno parlato gli amici quando si sono rivisti anni dopo?

4. Come si è sentita l'autrice ad assistere alla cerimonia di matrimonio della sua amica?

5. Descrivete l'ambientazione della cerimonia nuziale.

6. Come è cambiata l'amicizia tra le due donne nel corso del tempo?

7. Qual è il sogno dell'autore?

8. Dove intende viaggiare l'amico dell'autore?

9. Perché l'autrice esitava a partecipare alla cerimonia di matrimonio della sua amica?

www.ingramcontent.com/pod-product-compliance
Lightning Source LLC
LaVergne TN
LVHW010604160826
845677LV00013B/3231
* 9 7 9 8 8 4 6 2 5 2 5 3 0 *